El juego de la vida

y cómo jugarlo

El juego de la vida

y cómo jugarlo

Florence Scovel Shinn

Grupo Editorial Tomo, S.A. de C.V.,
Nicolás San Juan 1043,
03100, México, D.F.

Traducción: Ma. de la Luz Morales Urquiza

Nicolás San Juan 1043, Col. Del Valle
03100 México, D.F.
Tels. 5575-6615, 5575-8701 y 5575-0186
Fax. 5575-6695
http://www.grupotomo.com.mx
ISBN: 970-666-000-3
Miembro de la Cámara Nacional
de la Industria Editorial No 2961

Diseño de portada: Karla Silva
Supervisor de producción: Leonardo Figueroa

Impreso en México - ***Printed in Mexico***

Introducción

El juego de la vida es un libro colmado de grandes enseñanzas, poderosas palabras y principios para practicarse en la vida cotidiana. Las reglas son simples. Los resultados son asombrosamente inspiradores y gratificantes. Yo lo sé, puesto que durante los últimos dos años he vivido bajo las verdades profundas presentadas por Florence Scovel Shinn en este libro; y mi vida ha cambiado, mejorado y finalmente se ha convertido en una existencia de la que puedo disfrutar y vivir cada maravilloso momento. De hecho, desearía poder alargar el tiempo y permitirme la experiencia de ver florecer la inmensa felicidad para mí y para todos aquellos que se cruzan en el magnífico camino de mi vida.

Mi primer encuentro con esta obra de maravillosa sabiduría ocurrió en un momento en que los problemas parecían insoportables y la vida una tarea muy difícil. A pesar de haber alcanzado el éxito y lo que yo había etiquetado como "felicidad", tanto como modelo profesional y como escritora incipiente, mi vida —personal y profesional— estaba vacía y en desorden. En resumen, yo era infeliz y me encontraba desorientada. Entonces, un día, una vecina y amiga íntima, Marie Trezza, vino a visitarme con una copia de *El juego de la vida* bajo el brazo. Al dármelo, ella simplemente sonrió y me dijo: "¡Léelo, realmente funciona!".

Me pasé los siguientes días leyendo y releyendo cada palabra de cada uno de los capítulos. Como si hubiera despertado de un largo e infeliz sueño, ante mí tenía los principios inspiradores y sencillos que podrían hacer de mi vi da una experiencia hermosa. Sin dudarlo comencé a aplicar las "ideas correctas" y deseché por completo lo que se había convertido en una forma habitual de pensar erróneamente.

Para todos nosotros, la palabra *fe* es una palabra familiar y con enorme significado; nos provee de la esperanza que necesitamos cuando la vida presenta sus diversos problemas. Sin embargo, no fue sino hasta que leí *El juego de la vida*, cuando experimenté los verdaderos efectos gratificadores de la fe. Me permitió enfrentar con valentía todo aquello que hasta entonces había temido, aquello de lo que yo dudaba e incluso consideraba imposible enfrentar. Los obstáculos que me habían presentado hasta entonces comenzaron a caer por su propio peso. Al aprender a "fluir" y permanecer tranquila ante las situaciones molestas y negativas liberé todo el poder negativo y permití la entrada de un solo poder: el *poder divino*. Con el plan perfecto de Dios en acción, los pensamientos destructivos se desvanecieron, las oportunidades florecieron, el amor reemplazó al temor y la vida se volvió un acontecimiento alegre y gratificante.

Vivir en este mundo, lleno de ansiedad, presiones e inseguridad, nos brinda —a quienes laboriosamente empleamos la limitada fuerza humana— escasa esperanza de paz y felicidad. La batalla que diariamente enfrentamos empeora el resultado final de nuestros intrépidos esfuerzos mortales, parece existir solamente la derrota y la frustración. Cuando resolvemos nuestros propios conflictos, ya sean de tipo económico, de enfermedad, dificultades maritales o personales, desempleo o menosprecio, los podemos resolver cuando aprendemos y aplicamos las reglas del juego más importante que jugaremos: *El juego de la vida*. Dichas reglas son: la carencia de miedo, la no-resistencia y el amor.

La desaparecida Florence Scovel Shinn, una talentosa metafísica y conferencista, ayudó a miles de personas a resolver sus problemas y a curar sus mentes y cuerpos por medio de sus enseñanzas y escritos. Como en el caso de otros inmortales trabajos, el mensaje de *El juego de la vida* permanece eternamente activo y apropiado debido a su frescura y guía inspiradora —inalterable y pura. Las palabras están listas para liberar a todas las personas de todos y cada una de las, aparentemente, interminables dificultades de la vida.

A causa del impacto tan inmediato y positivo que este libro produjo en mi vida, sentí que la riqueza que encierra debería estar al alcance de millones de personas necesitadas. El camino para su adecuada difusión se abrió cuando sugerí a mi editor, Norman Monath, Presidente de la Biblioteca Comestone, que se hiciera una segunda edición. Al leerlo, él reconoció el poder y la perfección del mensaje que contiene. Mi más profunda gratitud a él por permitirme servir como un eslabón entre lo que el hombre cree que debe aceptar como su destino fatal y otro de abundancia, lleno de fe y una diaria existencia suprema.

Carolyn Kenmore

El juego

La mayoría de la gente considera la vida como una batalla, pero no es una batalla. Es un juego.

Es un juego que, no obstante, sería imposible jugarse con éxito sin poseer el conocimiento de la ley espiritual, y tanto el Viejo, como el Nuevo Testamento nos brindan las reglas de juego con maravillosa claridad. Jesucristo pensaba que éste era un gran juego de *dar y recibir.*

Todo lo que el hombre siembre,
eso mismo cosechará.

Esto significa que lo que el hombre envía, ya sea de palabra o de obra, se le devolverá; lo que dé, eso recibirá. Si odia, recibirá odio; si da amor, recibirá amor; si critica, será criticado; si miente, se le mentirá; si hace trampas, se las harán a él. Nos enseña también que la facultad de la imaginación juega un papel muy importante en el juego de la vida.

Mantén tu corazón (o imaginación) alerta,
ya que de éste salen todos los asuntos de la vida.
(Prov. 4:23)

Esto significa que todo lo que el hombre imagina, tarde o temprano se exterioriza en sus asuntos. Conozco un hombre que temía contraer una cierta enfermedad. Era una enfermedad muy rara y difícil de adquirir, pero él se la imaginaba constantemente y leía mucho al respecto, hasta que el mal se manifestó en su cuerpo. El hombre murió, víctima de su imaginación desorbitada. Vemos entonces que, para jugar con éxito el juego de la vida, debemos entrenar nuestro poder de imaginación. Una persona con un poder de imaginación entrenado solamente para imaginar cosas positivas, lleva a su vida "todos los buenos deseos de su corazón": salud, bienestar, amor, amigos, la perfecta expresión personal, sus grandes ideales.

La imaginación ha sido llamada "la tijera de la mente", y está siempre cortando y cortando, cada día, las imágenes que el hombre ve ahí, y tarde o temprano él se encuentra con sus propias creaciones en el mundo exterior. Para entrenar con éxito la imaginación, el hombre debe entender cómo trabaja su mente. Los griegos decían:

Conócete a
ti mismo.

Hay tres divisiones en la mente: *el subconsciente, el consciente y el superconsciente.* El subconsciente es sólo poder sin dirección. Es como un arroyo o como la corriente eléctrica: hacen lo que tienen que hacer; no tienen poder de inducción.

Lo que el hombre siente o imagina intensamente, queda grabado en su subconsciente, y se lleva a cabo, hasta en su más mínimo detalle.

Por ejemplo: Una mujer que conozco, siempre "imaginaba" ser una viuda cuando era niña. Se vestía de negro y usaba un largo velo del mismo color; la gente creía que era una niña muy graciosa. Ella creció y contrajo matrimonio con un hombre de quien estaba muy enamorada. Al poco tiempo, él murió y ella tuvo que vestirse de negro y guardar luto durante varios años. La imagen de sí misma como una viuda se había grabado en su subconsciente, y en el momento preciso salió a flote, sin importar el daño que había causado.

La mente consciente ha sido llamada la mente mortal o carnal. Esta es la mente humana y ve la vida como *parece ser.* Ve la muerte, el desastre, la enfermedad, la pobreza y las limitaciones de cualquier tipo, y todo esto se graba en el subconsciente.

La mente superconsciente es la mente de Dios dentro de cada hombre, y es el reino de las ideas perfectas. En ella, se encuentra el "patrón perfecto" del que hablaba Platón, *el designio divino;* ya que existe un *designio divino* para cada persona:

Hay un lugar que tú tienes que llenar
y nadie más lo puede llenar;
algo que ahí tienes que hacer
y que nadie más puede hacer.

imagen perfecta de esto en el supercons-
ralmente se presenta a través del conscien-
te como un ideal inalcanzable: "algo demasiado bueno para ser verdad".

En realidad es el verdadero destino (o meta) del hombre, representado por la Inteligencia Infinita que se encuentra *dentro de él.* Muchas personas, sin embargo, ignoran su verdadero destino y se encuentran luchando por situaciones y cosas que no les pertenecen, y que solamente provocan fracasos e insatisfacción al no poder alcanzarlas.

Por ejemplo: Una mujer me dijo que "pidiera" para que se casara con un hombre a quien ella amaba. (Ella lo llamaba *A*).

Yo le contesté que esto constituía una violación a la ley espiritual, pero que haría la petición para que el hombre correcto —la *elección divina*— es decir, el hombre que le pertenecía por derecho divino, llegara.

Y agregué: "Si *A* es el hombre correcto, no lo puedes perder, y si no, recibirás su equivalente". Ella vio a *A* con frecuencia pero sus relaciones no prosperaban. Una noche ella me llamó y me dijo: "Sabes, durante la última semana *A* ya no me parece tan maravilloso". Yo le contesté: "Tal vez él no sea la elección divina —otro hombre puede ser el correcto". Poco después, ella conoció a otro hombre del que se enamoró inmediatamente y que le dijo que era su ideal. De hecho, el hombre le expresó todo aquello que ella siempre esperó escuchar de su anterior pareja.

"Fue todo muy raro". Me comentó.

Pronto, ella correspondió a esos sentimientos y perdió todo interés en *A*.

Esta es una muestra de la ley de la sustitución: Una idea correcta sustituyó a una incorrecta, por lo tanto, no hubo pérdida ni sacrificio en ello.

Jesucristo expresó: "Busca primero el Reino de Dios y su rectitud; y todo se te dará, porque el reino está dentro de cada hombre".

El Reino de Dios es el reino de las *ideas correctas,* o el patrón divino.

Jesucristo señaló que las palabras del hombre jugaban una parte importante en el juego de la vida. "Por tus palabras serás justificado y por tus palabras serás condenado".

Mucha gente ha llevado la desgracia a su vida a través de expresar las palabras erróneas.

Por ejemplo: Una mujer me preguntó por qué su vida era tan pobre y con tantas limitaciones. Anteriormente ella había tenido casa, dinero suficiente y había estado rodeada de muchas cosas hermosas. Después de analizar su antigua situación descubrimos que en ese tiempo, ella expresaba continuamente: "Estoy cansada de todas estas cosas, desearía vivir en un baúl" y añadió: "El día de hoy estoy viviendo en un baúl". El subconsciente no tiene sentido del humor y la gente a menudo hace bromas sobre verse a sí misma en desgracia.

Por ejemplo: Una mujer muy rica, bromeaba constantemente diciendo que estaba "lista para un asilo". Pocos años después, ella estaba casi en la pobreza, puesto que había grabado en su subconsciente la imagen de la escasez y la limitación.

Afortunadamente, la ley trabaja en ambos sentidos y la situación de escasez puede ser cambiada por una de abundancia.

Otro ejemplo: Una mujer me visitó para pedirme un "tratamiento" para la prosperidad. Ella estaba cansada, desilusionada y sin ganas de luchar. Me dijo que lo único que poseía en el mundo eran ocho dólares. Yo le dije: "Entonces bendeciremos ese dinero y lo multiplicaremos, tal como Jesús multiplicó los panes y los peces," puesto que él predicó que todo hombre tenía el poder de bendecir y de multiplicar, de curar y de prosperar.

—¿Qué debo hacer ahora? —me preguntó.

Yo le contesté: "Sigue tu intuición. ¿Tienes el presentimiento de hacer algo, o de ir a alguna parte?". La intuición puede aprenderse desde el interior de sí mismo. Es la guía inequívoca del hombre, y hablaré más al respecto en el capítulo siguiente.

La mujer contestó: "Presiento que debo ir a casa; tengo el dinero justo para llegar". Su casa estaba en una ciudad lejana y era un hogar pobre y con limitaciones. Su razón le hubiera dicho: "Quédate en Nueva York, consigue un trabajo y haz algo de dinero". Pero yo le sugerí: "Entonces ve a casa —nunca ignores un presentimiento". Posteriormente, hice una petición por ella: "Espíritu Infinito abre el camino para una gran abundancia para (el nombre de la persona). Ella es un imán irresistible para todo lo que le pertenece por derecho divino". Le dije que también ella lo repitiera continuamente. Ella partió de inmediato. Al llegar; recibió una llamada que la puso en contacto con una vieja amiga de la familia.

A través de dicha amiga, ella recibió miles de dólares de una forma maravillosa. Desde entonces, ella me dice con frecuencia: "Cuéntale a la gente sobre la mujer que vino a verte con ocho dólares y un presentimiento".

Siempre hay *suficiente en el camino del hombre;* pero solamente *se puede hacer manifiesto* a través del deseo, la fe o una petición. Jesucristo expresó claramente que el hombre es quien debe hacer el *primer movimiento.*

Pide y se te concederá,
busca y encontrarás,
toca una puerta y se te abrirá.
(Mat. 7:7)

En las Escrituras se lee:

En lo que se refiere a mis manos,
ordéname.

La Inteligencia Infinita, Dios, siempre está lista para conceder los más pequeños o más grandes deseos del hombre.

Cada deseo, pensado o expresado es una petición. A menudo nos asombramos cuando se nos concede un deseo de pronto.

Por ejemplo: Una cuaresma, habiendo visto muchos ramos de rosas en las florerías, desee que me enviaran uno, y por un instante mentalmente me vi recibiendo el ramo en la puerta de mi casa.

Llegó la cuaresma y con ella un hermoso ramo de rosas. Di las gracias a mi amiga al día siguiente y le dije que eso era exactamente lo que había yo deseado. Ella me contestó: "Yo no pedí rosas, ¡pedí lilas!".

El hombre de la florería había confundido la orden y me envió un ramo de rosas sólo porque yo había echado andar la ley de la acción, *y yo tenía que tener un ramo de rosas.*

Nada se interpone entre el hombre y sus más altos ideales y todos los deseos de su corazón, más que la duda y el miedo. Cuando un hombre puede "desear sin preocuparse", todos sus deseos se cumplen instantáneamente.

En el siguiente capítulo abundaré sobre la razón científica de esto y sobre cómo debe erradicarse el miedo de nuestro consciente. El único enemigo del hombre es el miedo a la escasez, el miedo al fracaso o a la *inseguridad en cualquier plano.* Jesucristo dijo: "¿Por qué temes, hombre de poca fe?"(Mat. 8:26). Así que debemos sustituir la fe por el miedo, ya que el miedo es solamente fe invertida; es fe en el mal en lugar de en el bien.

El objeto de *El juego de la vida*, es ver claramente el bien de uno y eliminar todas las imágenes mentales sobre el mal. Esto debe grabarse en el subconsciente con una realización del bien. Un hombre muy brillante, que había alcanzado un gran éxito, me dijo que él había borrado todo el miedo de su consciente al leer el siguiente letrero: "Por qué preocuparse por algo que, probablemente nunca suceda". Estas palabras quedaron grabadas indeleblemente en su subconsciente y ahora tiene la firme convicción de que solamente el bien puede llegar a su vida, por lo tanto, *sólo el bien puede manifestarse.*

En el siguiente capítulo hablaré más de las diferentes maneras de "grabar" algo en el subconsciente. El subconsciente es el más fiel servidor del hombre, pero uno debe tener cuidado de darle las órdenes correctas. El hombre siempre tiene un oyente silencioso a su lado: su subconsciente.

Cada pensamiento, cada palabra se graba en él y se lleva a cabo con asombroso detalle. Es como un cantante grabando en un disco muy sensitivo. Cada nota, cada tono de la voz son registrados. Si tose o duda, eso se registra también. Así que rompamos todos los viejos "discos" malos en el subconsciente, los "discos" de nuestra vida que no queremos guardar y grabemos unos nuevos y hermosos.

Haga la siguiente petición en voz alta, con poder convicción: "Ahora rompo (por medio de mi palabra) todos los discos falsos en el subconsciente. Ellos deberán regresar al rincón de su nada natural, ya que vinieron de mi imaginación vana. Ahora hago mis discos perfectos a través de mi Cristo interior: Los discos de la salud, la riqueza, el amor y la perfecta expresión personal". Este es el tablero de la vida. El *juego terminado.*

En los siguientes capítulos, mostraré cómo puede el hombre cambiar sus condiciones al cambiar sus palabras. Cualquier hombre que no conoce el poder de la palabra, se encuentra atrasado.

La muerte y la vida
están en el poder de la lengua.
(Prov. 18:21)

Sí, el Todopoderoso será tu defensa
y tendrás dinero suficiente.

La ley de la prosperidad

Uno de los más grandiosos mensajes dados a la raza humana a través de las escrituras es que Dios es el proveedor del hombre y que el hombre puede liberar, *a través de la palabra hablada,* todo lo que le pertenece por derecho divino. Él debe, sin embargo, *tener una fe absoluta en su palabra.*

Isaías dijo: "Mi palabra no regresará a mí vacía, sino que logrará su cometido". Ahora sabemos que las palabras y los pensamientos son una fuerza vibratoria tremenda, siempre moldeando el cuerpo y los asuntos del hombre.

Una mujer vino a buscarme muy preocupada y me dijo que iba a recibir una demanda el día quince del mes por la cantidad de tres mil dólares. Ella no conocía ninguna manera de conseguir el dinero y estaba desesperada. Le dije que Dios era su proveedor y que *existe una provisión para cada petición.*

Así que *pedí* y di gracias para que esta mujer recibiera los tres mil dólares en el momento y en la forma apropiada. Le dije que debía tener una *fe absoluta* y actuar esta fe absoluta. El día quince llegó, pero el dinero no se había materializado. Ella me llamó por teléfono y me preguntó qué debía hacer.

Yo le contesté: "Es sábado y por lo tanto, ellos no te demandarán hoy. Tu parte es actuar como si fueras rica, así que mostrarás una fe absoluta de que vas a recibir el dinero el lunes". Ella me invitó a almorzar para mantener su ánimo. Cuando me reuní con ella en un restaurante, le dije: "Este no es momento para economizar, ordena un almuerzo caro, actúa como si ya hubieses recibido los tres mil dólares".

"Cualquier cosa que pidas por medio de la oración, *con fe,* se te concederá. Debes actuar como si *ya lo hubieses recibido"*. A la mañana siguiente, me llamó por teléfono y me pidió que pasara el día con ella. "No, tú estás divinamente protegida y Dios nunca llega tarde", le dije.

Esa noche me llamó muy emocionada y me dijo: "Querida, ¡ha ocurrido un milagro! Estaba sentada en mi cuarto esta mañana cuando sonó el timbre y le dije a la sirvienta: "No dejes entrar a nadie". La muchacha sin embargo, miró por la ventana y dijo: "Es su primo, el de la gran barba blanca".

—Llámalo, quiero verlo —le dije.

La sirvienta lo alcanzó en la esquina y él se regresó. Mi primo estuvo platicando conmigo, y cuando estaba a punto de irse, me dijo: "A propósito, ¿cómo van tus finanzas?".

Le comenté que necesitaba dinero y me dijo: "Querida, yo te daré los tres mil dólares el día primero del mes".

No quise decirle que me demandarían. ¿Qué podría yo hacer? No tendría el dinero sino hasta el día primero y lo necesitaba al día siguiente.

"El *espíritu* nunca llega tarde", dije a la mujer, entonces. Ahora doy gracias de que ella haya recibido el dinero en el plano invisible y de que éste se manifestará a tiempo. A la mañana siguiente, su primo la llamó y le dijo: "Pasa a mi oficina y te daré el dinero". Esa tarde, ella tenía tres mil dólares en el banco y firmó cheques tan rápidamente como su emoción se lo permitió.

Si alguien pide éxito y se prepara para el fracaso, obtendrá la situación para la que se ha preparado. Por ejemplo: Un hombre vino a buscarme solicitándome que pidiera para que una deuda suya fuera saldada.

Descubrí que él se había pasado el tiempo planeando lo que le iba a decir al hombre al que le debía cuando no le pudiera pagar, y de esta manera neutralizaba mis palabras. Él debió haberse visualizado pagando la deuda.

Tenemos una ilustración maravillosa de esto en la Biblia, relacionado con los tres reyes quienes estaban en el desierto, sin agua para sus hombres y sus caballos. Consultaron al profeta Elías, quien les dio este sorprendente mensaje:

Por lo tanto, dijo el Señor, no verás el viento,
ni tampoco verás la lluvia,
así que cavad pozos en este valle.

El hombre debe prepararse para recibir lo que ha pedido, aún cuando no haya la más ligera señal de ello a la vista.

Por ejemplo: Una mujer necesitaba un departamento durante la época en que había mayor demanda de vivienda en Nueva York. La tarea era casi imposible y sus amigos sentían lástima por ella diciéndole: "No es tan terrible, sólo tendrás que almacenar tus muebles y vivir en un hotel". Ella contestó: "Ustedes no deben sentir lástima por mí, soy una supermujer y conseguiré el departamento". Pronunció las palabras: "Espíritu infinito, abre el camino hacia el apartamento correcto". Ella sabía que había una provisión para cada petición y que ella "no estaba condicionada" trabajando en el plano espiritual, y que "Uno con Dios es una mayoría".

Ella pensó en comprar cobijas nuevas, cuando la razón, el pensamiento adverso o mente racional, le sugirió: "No compres las cobijas, tal vez, después de todo, no obtengas el departamento y no te servirán". Ella se respondió a sí misma: "¡Con mi esfuerzo saldré adelante, y compraré estas cobijas!", así que se preparó para obtener el departamento y actuó como si ya lo tuviese.

Encontró uno de una manera milagrosa, y obtuvo el departamento a pesar de que había más de doscientos solicitantes. Las cobijas demostraron su fe absoluta. Es innecesario mencionar que los pozos cavados en el desierto por los reyes fueron llenados al tope (Leer Reyes II).

Entrar en la corriente espiritual de las cosas no es cuestión fácil para una persona común y corriente. Los pensamientos adversos de duda y miedo surgen del subconsciente. Ellos son el "ejército del enemigo" y deben ser echados a volar. Esto explica por qué frecuentemente "hay oscuridad antes del amanecer".

Una grandiosa demostración es frecuentemente precedida por pensamientos adversos.

Afirmando las verdades espirituales superiores, uno desafía a las antiguas creencias en el subconsciente, y "un error se expone para ser eliminado".

Este es el momento en que uno debe hacer sus afirmaciones de verdad y regocijarse y dar gracias de que uno ya ha recibido. "Antes de que tú llames yo contestaré". Esto significa que "cada regalo bueno y perfecto" ya está recibiendo el reconocimiento del hombre.

El hombre sólo puede recibir lo que se ve a sí mismo recibiendo. A los niños de Israel se les dijo que podrían tener cuanta tierra pudiesen ver. Esto es una verdad para todos los hombres. El hombre puede poseer solamente la tierra que está dentro de su propia visión mental. Cada tarea, cada gran logro, se ha hecho manifiesto a través de mantener la visión y, frecuentemente poco antes de un gran logro, viene un aparente fracaso y desilusión. Cuando los niños de Israel llegaron a la "tierra prometida", tuvieron miedo de entrar, porque decían que estaba lleno de gigantes: "Y ahí vimos a los gigantes y nos hicieron sentir como grillos". Esta es la experiencia de casi todos los hombres.

Sin embargo, quien conoce la ley espiritual, no se perturba por la apariencia y se regocija mientras está "aún en cautiverio". Es decir, se mantiene dentro de su visión y da gracias de que el fin fue alcanzado y de que lo ha recibido.

Jesucristo dio un ejemplo maravilloso de esto. Dijo a sus discípulos: "No me digas, ¿todavía faltan cuatro meses para que llegue la hora de levantar la cosecha? Aguarda, te digo, levanta tus ojos y mira hacia los campos; ya que ellos están listos para que se levante la cosecha". Su clara visión penetró el "mundo de la materia" y él vio claramente el "mundo de la cuarta dimensión", las cosas como realmente son: perfectas y completas en la *mente divina*. Por lo tanto, el hombre debe siempre mantener la visión al final de su camino y pedir la manifestación de lo que él ya ha recibido. Puede ser su buena salud, amor, sustento, casa, expresión propia y amigos.

Todas ellas son ideas completas y perfectas, registradas en la *mente divina* (la mente subconsciente del hombre) y deben pasar a través de él no hacia él. Por ejemplo: Un hombre vino a preguntarme sobre tratamientos para el éxito. Necesitaba reunir cincuenta mil dólares para cierta fecha. La fecha límite estaba próxima cuando vino a verme y estaba desesperado. Nadie había querido invertir en su empresa y el banco le había rehusado terminantemente un préstamo. Yo le dije: "Supongo que perdiste tu aplomo mientras estabas en el banco, y por lo tanto, perdiste tu poder". Tú puedes controlar cualquier situación si te controlas a ti mismo. "Regresa al banco y yo pediré por ti".

Mi tratamiento fue: "Estás identificado en el amor con el espíritu de todas y cada una de las personas conectadas con el banco. Deja que la idea divina aparezca en esta situación". El hombre me dijo: "Mujer, estás hablando de un imposible. Mañana es sábado; el banco cierra a las doce y mi tren no me llevará allí hasta las diez, y el tiempo límite es mañana, y de cualquier manera, no me lo darán. Ya es muy tarde". Yo le contesté: "Dios no necesita tiempo y nunca llega tarde. Con él todas las cosas son posibles". Y agregué: "No sé nada de negocios, pero sé todo acerca de Dios".Él me contestó: "Suena bien aquí escuchándote, pero cuando llegue allá será terrible". Él vivía en una ciudad lejana y no tuve noticias durante una semana, entonces llegó una carta donde me decía: "Tuviste razón. Logré obtener el préstamo y nunca más dudaré sobre la veracidad de todo lo que tú me digas".

Lo vi unas semanas después y le pregunté: "¿Qué ocurrió? Evidentemente tuviste suficiente tiempo después de todo". Él me contestó: "Mi tren se retrasó y llegué allá quince minutos antes de las doce. Me dirigí al banco, entré tranquilamente y dije: "Vengo por un préstamo y me lo dieron sin hacerme ninguna pregunta".

Esos eran los últimos quince minutos de su tiempo designado y el *espíritu infinito* nunca llega tarde. El hombre nunca pudo haber demostrado esto solo; necesitaba alguien que le ayudara a mantener la visión. Esto es lo que un hombre puede hacer por otro.

Jesucristo sabía la verdad al respecto cuando dijo: "Si dos de ustedes, en la tierra, están de acuerdo en algo que pidan, se les concederá por mi Padre que está en los cielos". Sin embargo, uno se apega mucho a sus propios asuntos y se vuelve dudoso y temeroso.

El amigo o "curandero" ve claramente el éxito, la salud y la prosperidad y nunca duda, porque él no está cerca de la situación.

Es más fácil "demostrar" algo a otro que a uno mismo, por eso, una persona no debe dudar de pedir ayuda si siente que lo invade la duda.

Un observador profundo de la vida dijo una vez: "Ningún hombre puede fallar, si hay alguien que lo visualice como triunfador". ¡Tal es el poder de la visión, y muchos grandes hombres deben su éxito a una esposa; una hermana, o a alguna amiga que "creyó en ellos" y que se sostuvo sin dudar del patrón perfecto!

Por tus palabras serás justificado,
y por tus palabras serás condenado.

El poder de la palabra

Una persona que conozca el poder de la palabra, será muy cuidadosa con respecto a su conversación. Solamente tiene que ver la reacción que causan sus palabras para saber si ellas "no regresarán huecas". A través de su palabra hablada, el hombre está continuamente haciendo leyes para sí mismo.

Conocí a un hombre que decía: "Siempre pierdo el autotransporte. Invariablemente se está yendo cuando yo voy llegando".

Su hija, en cambio, decía: "Siempre alcanzo el autotransporte. Siempre llega justamente al mismo tiempo que yo". Esto ocurrió durante años, cada uno por separado había hecho una ley para sí mismo, uno la ley del fracaso y la otra la ley del éxito. Esta es la psicología de las supersticiones.

La herradura de un caballo o la pata de un conejo no contienen ningún poder, pero la palabra hablada del hombre, la creencia de que le traerá buena suerte crea expectación en la mente subconsciente y atrae una "situación afortunada". Yo veo que esto no funciona cuando el hombre ha avanzado espiritualmente y conoce la ley espiritual más alta. Uno no se puede regresar y debe deshacerse de las "imágenes grabadas".

Por ejemplo: Dos de mis alumnos habían tenido un gran éxito en los negocios durante varios meses cuando, repentinamente, todo se vino abajo". Tratamos de analizar la situación y encontré que en lugar de hacer sus afirmaciones y mirar hacia Dios pidiéndole éxito y prosperidad, habían comprado un *mono de la suerte.* Yo les dije: "Veo, que ahora creen en un mono de la suerte en lugar de creer en Dios. Hagan a un lado los monos de la suerte y llamen a la ley del perdón", ya que el hombre tiene el poder para perdonar y neutralizar sus errores".

Ellos decidieron tirar los monos de la suerte, y todo volvió a la normalidad. Esto no significa, sin embargo, que uno debe desechar todos los objetos de la "suerte" o las herraduras que se encuentren en la casa, pero el hombre debe reconocer que el único poder detrás de éstos es el *poder único* de Dios y que el objeto le da simplemente un sentimiento de expectación.

Un día una amiga que estaba desesperada encontró una herradura en la calle. Se alegró mucho y se llenó de esperanzas. Dijo que Dios le había enviado esta herradura a fin de mantener su fuerza.

En ese momento, eso fue lo único que pudo registrarse en su mente consciente. Su esperanza se convirtió en fe y finalmente hizo una demostración maravillosa. Quisiera aclarar el punto de que los hombres antes mencionados estaban dependiendo solamente de los monos, y que esta mujer reconoció el verdadero poder que se encontraba detrás de la herradura.

En mi caso personal, me llevó mucho tiempo hacer a un lado la creencia de que cierta cosa atraía la desilusión. Encontré que la única manera de que yo pudiera hacer un cambio en el subconsciente era a través de la afirmación de que "no hay dos poderes, sino solamente uno: el poder de Dios, y por lo tanto, no hay desilusiones y esto significa una agradable sorpresa". Me percaté de un cambio en ese instante, y muchas cosas maravillosas comenzaron a llegarme.

Tengo una amiga que decía que por nada del mundo pasaría bajo una escalera. "Si tienes miedo —le dije— estás dándole cabida a dos poderes, al bien y al mal, en lugar de solamente a uno: el Poder de Dios. Como Dios es absoluto, no puede haber un poder opuesto a menos que el hombre produzca, para sí mismo, el falso mal. Para demostrar que tú solamente crees en un *poder*, Dios, y que no hay poder o realidad en el mal, pasa por debajo de la próxima escalera que veas. "Poco después, ella tuvo que ir a su banco, pues deseaba abonar su caja de seguridad y para llegar hasta ahí tenía que pasar debajo de una escalera. Al verla, mi amiga se estremeció de miedo y se regresó. No podía enfrentarse al "león" en su camino. Sin embargo, cuando salió a la calle, mis palabras retumbaron en sus oídos y decidió regresar y pasar por debajo de la escalera. Fue el gran momento de su vida porque las escaleras la habían mantenido en la esclavitud durante muchos años. Encaminó sus pasos hacia la caja de seguridad y la escalera ya no estaba ahí! ¡Esto ocurre frecuentemente! Si uno se encuentra dispuesto a hacer algo a lo que siempre le ha tenido miedo, al final ya no es necesario.

Esta es la *ley de la no resistencia*, la cual no es bien comprendida.

Alguien dijo que el coraje contiene ingenio y magia. Enfrenta las situaciones sin miedo y verás que no habrá situación qué enfrentar; ya que ésta caerá por su propio peso.

Lo anterior se explica porque era el miedo lo que atraía la escalera hacia la mujer y al perderlo, ella la retiró para siempre de su camino.

Aunque las fuerzas invisibles siempre están trabajando para el hombre que, de manera inconsciente, está siempre moviendo los hilos. Debido al poder vibratorio de las palabras, todo lo que el hombre exprese lo atraerá hacia él. Las personas que continuamente están hablando de enfermedad, invariablemente la están atrayendo.

Después de que el hombre ha conocido la verdad, no puede ser demasiado cuidadoso con sus palabras. Por ejemplo, un amigo mío frecuentemente me dice por teléfono: "Ven a verme y sostendremos una agradable y anticuada charla". Estas charlas "anticuadas" a las que se refiere, implican hablar de temas como pérdidas, carencias, los fracasos, las enfermedades y demás conceptos destructivos.

"No, te lo agradezco de verdad —le digo— pero ya he tenido suficientes charlas 'anticuadas' en mi vida y me cuestan muy caras. Sin embargo, me gustaría tener una charla moderna y hablar de lo que deseamos y no de lo que no deseamos". Hay un antiguo aforismo que dice que "el hombre solamente se atreve a usar sus palabras para tres propósitos: para curar, bendecir o prosperar". Lo que el hombre diga sobre otro, será dicho de él y lo que él desea para otro lo está deseando para sí mismo. "Las maldiciones, como los pollos regresan a casa para ser rostizados". Si un hombre le desea "mala suerte" a alguien, lo más seguro es que está atrayendo la mala suerte hacia sí mismo. Si desea ayudar a alguien para que tenga éxito, él se está deseando éxito y ayudándose a sí mismo para tenerlo.

El cuerpo puede renovarse y transformarse a través de la palabra hablada y la visión clara, y la enfermedad debe ser desechada completamente de la conciencia. El metafísico sabe que toda enfermedad tiene una correspondencia mental y a fin de curar el cuerpo uno debe primero "curar el alma".

El alma es la mente subconsciente y debe ser "salvada" de cualquier pensamiento equivocado.

En el Salmo 23, dice:

Él restauró mi alma.

Esto significa que la mente subconsciente o alma, debe restaurarse con las ideas correctas, y el "matrimonio místico" es el matrimonio del alma con el espíritu, o el de la mente subconsciente con la mente superconsciente. Ambas deben ser uno.

Cuando el subconsciente está lleno de ideas perfectas; del superconsciente, Dios y el hombre son uno. "El Padre y Yo somos uno". Esto significa que él es uno con el *reino de las ideas perfectas*; que él es el hombre hecho a la imagen y semejanza (imaginación) de Dios y le ha sido dado el poder y el dominio sobre todas las cosas que Él ha creado: su mente, su cuerpo y sus asuntos.

Es muy cierto decir que todas las enfermedades y desdichas provienen de la violación de la ley del amor. Un nuevo mandamiento se nos brinda: "Amaos los unos a los otros", y en el *juego de la vida*, el amor y la buena voluntad hacen el truco.

Por ejemplo: Una conocida mía tuvo durante años una terrible enfermedad de la piel. Los doctores le dijeron que el mal era incurable y estaba desconsolada. Ella era actriz y temía que pronto se vería precisada a renunciar a su profesión, y no tenía otro medio de ganarse la vida. Sin embargo, consiguió un buen papel y la noche del estreno fue un gran éxito. Recibió notas muy halagadoras por parte de la crítica y se sentía feliz y emocionada. No obstante, al día siguiente, ella esperaba la noticia de su despido. Un actor del elenco estaba celoso de su éxito y había promovido que se le hiciera a un lado. Ella se sintió posesionada por el odio y el resentimiento de él y exclamó: "Dios, no me permitas odiar a este hombre". Esa noche ella trabajó durante horas "en silencio".

Ella me dijo: "Pronto entré en un silencio muy profundo. Parecía estar en paz conmigo misma, con el hombre y con el mundo entero. Así sucedió durante dos noches más y al tercer día me encontré con que ¡estaba completamente curada de la enfermedad de la piel!". Al pedir amor y buena voluntad, ella había cumplido con la *ley* ("porque el amor es el cumplimiento de la ley"), y la enfermedad —que vino del resentimiento subconsciente— fue erradicada.

La crítica continua produce reumatismo, porque los pensamientos críticos o sin armonía ocasionan depósitos antinaturales en la sangre, los cuales se asientan en las extremidades.

Los pensamientos falsos son causados por los celos, el odio, la falta de perdón, el miedo, etc. Cada enfermedad es causada por una mente en desasosiego. En una ocasión, durante la clase mencioné que "no tiene sentido preguntarle a alguien '¿Qué te ocurre?', en todo caso podríamos decir simplemente '¿Quién te ocurre a ti?' ". La falta de perdón es la causa más común de enfermedad. Endurece las arterias o el hígado y afecta la vista. En su haber hay enfermedades incontables.

Un día llamé a una amiga quien me comentó que estaba enferma por haberse comido un ostión envenenado. Yo le dije: "No, el ostión era inofensivo, tú envenenaste al ostión. ¿Qué sucede contigo?". Ella me contestó: "Me 'suceden' unas diecinueve personas". Había discutido con veinte personas y se había desarmonizado tanto que atrajo para sí el ostión envenenado.

Cualquier desarmonía en lo externo, indica que existe desarmonía mental. "Así como está adentro estará afuera".

Los únicos enemigos del hombre están dentro de sí mismo. Y fobias propias del hombre serán las de su propio hogar. La personalidad de uno es el último de los enemigos por superar, porque este planeta está tomando su iniciación en el amor. El mensaje de Jesucristo: "Paz en la tierra y buena voluntad al hombre". El hombre iluminado, por lo tanto, hace lo posible por superar a su vecino. Su trabajo está en sí mismo, en enviar buena voluntad y bendiciones a todos los hombres, y lo más maravilloso es, que si tú bendices a un hombre, éste ya no tiene poder para lastimarte.

Por ejemplo, un hombre vino a buscarme solicitando tratamiento para que lo ayudara en los negocios. Él estaba vendiendo maquinaria y un rival apareció en escena con lo que proclamaba que la suya era una mejor máquina, y mi amigo le tenía miedo a la derrota. Yo le dije: "Primero que todo debemos quitar el miedo y saber que Dios protege tus intereses y que la idea divina saldrá de esta situación, esto significa que la maquinaria adecuada será vendida por el hombre adecuado al hombre adecuado". Y agregué: "No sostengas un pensamiento crítico hacia ese hombre. Bendícelo todo el día, y debes estar dispuesto a no vender tu maquinaria si no es esta la idea divina". Así que fue a la reunión, sin miedo y sin resistirse y bendiciendo al otro hombre. Me contó que el resultado fue muy promisorio. La maquinaria del otro hombre no quiso funcionar y vendió la suya sin ninguna dificultad. Pero yo te digo: "ama a tus enemigos, bendice a los que te maldicen, haz el bien a aquellos que te odian, y ora por aquellos quienes te usan con ventaja y te persiguen".

La buena voluntad produce una inmensa aura de protección alrededor de aquél que la envía y "ningún arma utilizada en contra de él tendrá éxito". En otras palabras: el amor y la buena voluntad destruirá a los enemigos dentro de uno mismo, por lo tanto: ¡uno no tiene enemigos en el exterior!

"¡Hay paz en la tierra para aquél que envía buena voluntad al hombre!".

No te resistas al mal. No dejes que el mal te supere,
pero supera al mal con el bien.

La ley de la no resistencia

Nada en la tierra puede resistir a una persona absolutamente no resistente.

Los chinos dicen que el agua es el elemento más poderoso, porque es perfectamente no resistente. Puede gastar una roca y limpiarla toda.

Jesucristo dijo: "No te resistas al mal", porque él sabía que en realidad el mal no existe, por lo tanto no hay un mal al cual resistirse. El mal ha surgido de la "imaginación del hombre" o de una creencia en dos poderes: el bien y el mal.

Hay una leyenda antigua de que Adán y Eva comieron del "árbol maya de la ilusión" y vieron dos poderes en lugar de un solo poder: Dios.

Por lo tanto, el mal es la ley falsa que el hombre ha creado para sí mismo a través del psicosoma o sueño del alma. El sueño del alma significa que el alma del hombre ha sido hipnotizada por la creencia social (de pecado, de enfermedad y de muerte), lo cual es un pensamiento carnal o mortal y sus asuntos han opacado sus ilusiones.

Vimos en el capítulo anterior, que el alma del hombre es su mente subconsciente, y que todo lo que siente de manera intensa, bueno o malo, es opacado por ese fiel sirviente. Su cuerpo y sus asuntos muestran más adelante lo que ha estado imaginando. El hombre enfermo imagina enfermedad, el hombre pobre imagina pobreza, el hombre rico, riqueza.

La gente a menudo dice: "¿Cómo es que un niño atrae la enfermedad, cuando es tan pequeño que ni siquiera sabe lo que significa?".

Yo explico que los niños son sensitivos y perciben los pensamientos de otros sobre ellos, y a menudo imaginan o sienten los temores de sus padres.

Escuché que un metafísico dijo una vez:

Si no controlas tu mente tú mismo,
alguien más lo hará por ti.

Las madres a menudo atraen inconscientemente la enfermedad y el desastre hacia sus hijos, al tener pensamientos continuos de miedo y buscando, sin desearlo, los síntomas.

Por ejemplo: una amiga le preguntó a una mujer si su niña ya había tenido el sarampión. Ella le contestó: "¡Todavía no!". Esto implicaba que ella estaba esperando esa enfermedad y, por lo tanto, preparaba el camino para que algo que ella no deseaba ni para ella ni para su hija.

Sin embargo, el hombre que está centrado y establecido en el pensamiento correcto, el hombre que manda solamente buena voluntad a sus semejantes, y aquél que no tiene miedo, no puede ser *tocado o influenciado por los pensamientos negativos de otros.* De hecho, él podría escribir solamente buenos pensamientos, ya que en él mandan sólo buenos pensamientos.

La resistencia es el Infierno, ya que ésta lo coloca en un "estado de sufrimiento".

Una vez, un metafísico me dio una maravillosa receta para utilizar todos los trucos en el juego de la vida, es lo máximo de la no resistencia. Me la dio de la siguiente manera: "En un tiempo durante mi vida, bautizaba niños, y por supuesto, ellos tenían diversos nombres. *Ahora ya no lo hago, ahora bautizo eventos, pero les doy a todos y cada uno de ellos el mismo nombre.* Si tengo un fracaso, lo bautizo como éxito, ¡en el nombre del Padre, del Hijo y del Espíritu Santo!".

En esto vemos la grandiosa ley de la transformación, fundada en la no resistencia. A través de la palabra hablada, cada fracaso fue transformado en éxito.

Por ejemplo: Una mujer que necesitaba dinero y que conocía la ley espiritual de la opulencia, estaba continuamente ligada comercialmente a un hombre que la hacía sentir muy pobre. Él siempre hablaba de carencias y limitaciones, y ella comenzó a ver su pobreza de pensamientos, y esto le caía mal, y lo culpaba a él por sus fracasos. Ella sabía que para tener su provisión, tenía primero que sentir que ya había recibido: un sentimiento de opulencia debe preceder una manifestación.

Un día pensó que se estaba resistiendo a la situación y contemplando dos poderes en lugar de uno. Así que bendijo al hombre y bautizó la situación como ¡"Éxito"! Ella afirmó: "Como solamente existe un poder, Dios, este hombre está aquí para mi bien y mi prosperidad" (justo para lo que él no parecía estar ahí). Poco después, ella conoció, *a través de este hombre,* a una mujer que le dio varios miles de dólares por un servicio y el hombre se mudó a una ciudad distante y se desvaneció armoniosamente de su vida. Haz la siguiente afirmación: "Cada hombre es un eslabón de oro en la cadena de mi bienestar," ya que todos los hombres son la manifestación de Dios, *esperando la oportunidad dada por el hombre mismo, para servir el plan divino de su vida.*

"Bendice a tu enemigo y le robarás su munición". Sus flechas serán transformadas en bendiciones.

Esta ley es cierta tanto para las naciones como para los individuos. Bendice a una nación, envíale amor y buena voluntad a cada uno de sus habitantes, y le robarás su poder para dañar.

El hombre puede obtener la idea correcta de la no resistencia solamente a través del entendimiento espiritual. Mis estudiantes han dicho a menudo: "Yo no quiero ser un tapete". Yo les contesto: "si usas la no resistencia con sabiduría, nadie podrá nunca caminar sobre ti".

Otro ejemplo: Un día estaba esperando impacientemente una llamada telefónica. Resistí cada llamada distinta que entró y no hice ninguna otra, pensando que esto podría interferir con la llamada que yo estaba esperando.

En vez de decir: "Las ideas divinas nunca están en conflicto, la llamada vendrá en el momento correcto", dejando esto para que lo arreglara la Inteligencia Infinita, y comencé a manejar las cosas por mí misma, hice la batalla mía, no de Dios y me mantuve tensa y ansiosa. Durante una hora el timbre no sonó, miré hacia el teléfono, vi que la bocina había estado descolgada todo ese tiempo y que el teléfono había sido desconectado. Mi ansiedad, mi miedo y mi creencia en la interferencia habían eclipsado al teléfono. Comprendiendo lo que había hecho, comencé a bendecir la situación de inmediato, la bauticé como "éxito", y afirmé: "No puedo perder ninguna llamada que me pertenezca por derecho divino; *estoy bajo el estado de gracia y no bajo la ley*".

Un amigo corrió al teléfono más próximo para pedir a la compañía que me reconectara el servicio.

Entró en una tienda que estaba abarrotada de gente, pero el propietario dejó a sus clientes para atender la llamada él mismo. Mi teléfono fue conectado en ese instante y dos minutos después, recibí una importante llamada, y aproximadamente una hora más tarde, la llamada que tanto había esperado.

Nuestros barcos entrarán en una mar en calma.

Mientras el hombre se resista a una situación, la tendrá consigo. Si huye de ella, lo perseguirá.

Por ejemplo: Un día le dije esto a una mujer y ella me contestó: "¡Qué cierto es eso! Yo estaba en casa un día sintiéndome infeliz, me disgustaba mi madre, quien me criticaba mucho y era muy dominante; así que me escapé de casa y me casé —pero me casé con mi madre, ya que mi esposo era exactamente como mi madre— y yo tuve que enfrentar la misma situación de nuevo".

"Llega a un acuerdo con tu enemigo inmediatamente".

Esto significa que las situaciones adversas son buenas, así que no te inquietes por ellas, ya caerán por su propio peso. "Ninguna de estas cosas me mueve," es una afirmación maravillosa.

La situación discordante viene de alguna discordancia dentro del hombre mismo.

Cuando no existe en él una respuesta emocional a una situación discordante, ésta se desvanece para siempre de su camino.

De esta manera podemos ver que el trabajo del hombre es siempre consigo mismo. La gente a veces me ha dicho: "Dame un tratamiento para cambiar a mi esposo o a mi hermano", y yo les contesto: "No, te daré un *tratamiento para cambiarte a ti;* cuando tú cambies, tu esposo y tu hermano cambiarán".

Una de mis alumnas tenía el hábito de mentir. Yo le dije que éste era un método que encaminaba al fracaso y que si ella mentía, también se le mentiría. Ella me contestó: "No me importa, no puedo vivir sin mentir".

Un día, ella estaba hablando por teléfono con un hombre de quien estaba muy enamorada. Se volvió a mí y me dijo: "No confío en él, sé que me está mintiendo". Yo le contesté: "Bueno, tú misma mientes, así que alguien más te mentirá a ti, y puedes estar segura de que será la persona de quien tú quieres la verdad". Poco tiempo después, me encontré con ella y me dijo: "Me curé. Dejé de mentir".

—¿Qué te curó? —le pregunté.

Y me contestó: "¡He estado viviendo con un hombre que mentía más que yo!".

Con frecuencia uno se cura de sus fallas al verlas en otros. La vida es como un espejo, y nos encontramos a nosotros mismos reflejados en nuestros semejantes.

Vivir en el pasado es un método de fracaso y una violación a la ley espiritual.

Jesucristo dijo:

¡Mirad, ahora es el momento apropiado!
Hoy es el día de vuestra salvación.

La esposa de Lot miró hacia atrás y fue convertida en una estatua de sal.

Los ladrones del tiempo son el pasado y el futuro.

El hombre debe bendecir el pasado y olvidarlo si lo mantiene en cautiverio, y bendecir el futuro, sabiendo que le tiene deparada felicidad sin límite, pero *¡vive plenamente el ahora!*

Por ejemplo: Una vez vino una mujer a verme, quejándose de que no tenía dinero para comprar sus regalos de Navidad. Me dijo: "El año pasado fue muy diferente, tenía suficiente dinero y di bonitos regalos, y este año apenas tengo un centavo".

Yo le contesté: "Nunca parecerás rica mientras te veas miserable y vivas en el pasado. Deja de verte miserable y prepárate para dar regalos de navidad. Cava tus pozos y el dinero vendrá". Ella exclamó: "¡Ya sé qué haré! Compraré envolturas y adornos navideños". Yo le contesté: "Hazlo y *los regalos vendrán y se pegarán a sí mismos en los adornos*".

Esto también demostraba que no tenía miedo a su situación económica y que tenía fe en Dios, y la mente pensante dijo: "Guarda cada centavo que tengas, ya que no estás segura de conseguir más".

Compró la envoltura y las etiquetas y unos pocos días antes de Navidad, recibió un regalo de varios cientos de dólares. Al comprar la envoltura y las etiquetas, grabó en su subconsciente la expectación y abrió el camino para que se manifestara el dinero. Tuvo tiempo de sobra para comprar sus regalos.

El hombre debe vivir siempre en el momento presente. "¡Por lo tanto, observa bien este día! Pues es el saludo del amanecer".

El hombre debe estar espiritualmente alerta, siempre esperando las señales; tomando ventaja de todas las oportunidades que se le presenten.

Un día, repetí mentalmente todo el tiempo: "Espíritu Infinito, no me permitas perder ni una señal," y una noticia muy importante me fue comunicada esa noche. Es fundamental empezar cada día con las palabras correctas.

Haz una afirmación en el momento de levantarte. Por ejemplo:

"¡Esto haré hoy! Hoy es el día de la consumación; doy gracias por este día tan perfecto, el milagro seguirá al milagro y las maravillas nunca cesarán". Haz de esto un hábito y verás las maravillas y los milagros llegar a tu vida.

Una mañana tomé un libro y leí: "¡Observa maravillado lo que está frente a ti!". Este parecía ser mi mensaje para ese día, así que lo repetí una y otra vez: "Observa maravillado lo que está frente a ti".

Casi a mediodía, recibí una enorme suma, una cantidad que yo había estado deseando para un propósito específico.

En el siguiente capítulo, les daré algunas de las afirmaciones que he encontrado que son más efectivas. Sin embargo, uno nunca debe utilizar una afirmación a menos que sea absolutamente satisfactoria y convincente para sí mismo, y a menudo una afirmación se cambia para adecuarse a distintas personas.

Por ejemplo: La siguiente afirmación ha traído éxito a muchos:

"¡Tengo un trabajo maravilloso, de una manera maravillosa, presto un servicio maravilloso, por una paga maravillosa!". Dije las dos primeras líneas a una de mis alumnas y ella le agregó las últimas dos.

Esta será *una afirmación muy poderosa,* ya que siempre debe haber un pago perfecto por un servicio perfecto, y una frase como ésta se graba fácilmente en el subconsciente. Ella lo estuvo cantando en voz alta y pronto recibió un maravilloso trabajo de una forma maravillosa y brindó un maravilloso servicio por una paga maravillosa.

Otro estudiante, un hombre de negocios, la tomó para sí, y cambió la palabra trabajo por negocio.

Él repitió: "Tengo un maravilloso negocio, de una manera maravillosa y daré un maravilloso servicio por una paga maravillosa". Esa tarde hizo un negocio donde ganó cuarenta mil dólares, a pesar de que no había tenido ninguna actividad durante meses.

Cada afirmación debe ser cuidadosamente pronunciada para que cubra completamente las necesidades de cada persona.

Por ejemplo: Conocí a una mujer que tenía una gran necesidad y pidió para obtener trabajo. Recibió una gran cantidad de trabajo, pero nunca se le pagó nada. Ahora, ella sabe que debe agregar: "un maravilloso servicio por una paga maravillosa".

¡El derecho divino es tener suficiente! ¡Más que suficiente!

"¡Sus graneros deberán estar llenos, y su copa a rebosar!". Esta es la idea de Dios para el hombre y cuando el hombre rompe las barreras de carencia en su propia conciencia, la *edad de oro* será suya ¡todos sus buenos deseos serán cumplidos!

La ley del karma y la ley del perdón

El hombre recibe solamente lo que da. *El juego de la vida* es un juego de *boomerangs.* Los pensamientos del hombre, sus hechos y sus acciones, regresan a él tarde o temprano con sorprendente exactitud.

Esta es la *ley del karma,* que significa en sánscrito "*regresar*". "Lo que el hombre siembre, eso cosechará".

Por ejemplo: Una amiga me contó esta historia sobre sí misma, referente a la ley. Me dijo: "Yo hago todo mi *karma* en mi tía, todo lo que le digo a ella, alguien me lo dice a mí. A menudo estoy irritable en casa y un día, le dije a mi tía, que estaba hablando conmigo durante la cena. "¡Ya no hables, deseo comer en paz!".

"Al día siguiente, estaba comiendo con una mujer a la cual le quería causar una buena impresión. Yo estaba platicando animadamente, cuando de pronto ella me dijo: "¡Ya no hables, deseo comer en paz!".

Mi amiga estaba muy consciente, así que su *karma* se le regresa mucho más rápido que a otra persona que no esté tan consciente de ello.

Entre más sabe un hombre, mayor es su responsabilidad, y una persona con un conocimiento de la ley espiritual y que no la practique, sufrirá mucho como consecuencia de esto. "El temor a Dios (ley) es el principio de la sabiduría". Si leemos la palabra Señor o Dios como Ley, hará que muchos pasajes de la Biblia aclaren su sentido.

"La venganza es mía, yo pagaré nuevamente —dijo el Señor (ley). Es la ley quien toma venganza, no Dios. Dios ve al hombre perfecto, 'creado a su propia imagen y semejanza', (imaginación) y le es dado el poder y el dominio".

Esta es la idea perfecta del hombre, grabada en la *mente divina*, en espera del reconocimiento del hombre; ya que el hombre solamente será lo que se vea a sí mismo siendo, y solamente alcanzará lo que se vea a sí mismo alcanzando. "Nada sucede sin un observador", dice un antiguo adagio.

El hombre ve primero su fracaso o su éxito, su dicha o su desdicha, antes de que se le presenten las imágenes ya grabadas en su propia imaginación. Hemos observado esto en la madre que imagina la enfermedad de su hijo, o en una mujer que imagina el éxito de su esposo.

Jesucristo expresó: "Y conocerás la verdad y la verdad te hará libre".

Vemos así que la libertad (de todas las condiciones infelices) viene del conocimiento —un conocimiento de la *ley espiritual.*

La obediencia precede a la autoridad, y la ley obedece al hombre cuando éste obedece la ley. La ley de la electricidad debe ser obedecida antes de volverse servidora del hombre. Cuando se maneja con ignorancia, se convierte en un arma mortal contra el hombre. *¡Igualmente sucede con las leyes de la mente!*

Por ejemplo: Una mujer que poseía una gran fuerza de voluntad, deseaba poseer una casa que le pertenecía a un conocido, y ella con frecuencia se imaginaba viviendo en la casa. Al paso del tiempo, el hombre murió y ella se mudó a esa casa. Varios años después, cuando ella conoció la *ley espiritual,* me dijo: "¿Tú crees que yo haya tenido algo que ver con la muerte del hombre?" Yo le contesté: "Sí, tu deseo era tan fuerte, que te lo preparó todo, pero ya pagaste tu deuda *kármica.* Tu esposo, a quien amabas devotamente, murió poco después y la casa se convirtió en un elefante blanco en tus manos durante muchos años".

El dueño original, sin embargo, pudo no haber sido afectado por sus pensamientos, de haber sido una persona positiva en verdad, ni su esposo, pero ambos estaban bajo la *ley kármica.* La mujer debió haber dicho (sintiendo el gran deseo por la casa): "Inteligencia Infinita, concédeme la casa correcta, tan encantadora como ésta, la casa *que es mía por derecho divino*".

La elección divina le hubiera dado perfecta satisfacción y les hubiera traído bien a todos. El patrón divino es el único patrón seguro para trabajar.

El deseo es una fuerza enorme y debe ser dirigido hacia los canales correctos, o sobreviene el caos.

Al hacer una demostración, el paso más importante es el primero: hacer la "pregunta correctamente".

El hombre debe pedir siempre, sólo aquello que le pertenece por *derecho divino.*

Para regresar al ejemplo; si la mujer hubiera tomado esta actitud: "Si esta casa, que yo deseo, es mía, no la puedo perder, si no es mía, concédeme su equivalente", el hombre podía haber decidido cambiarse, armoniosamente (si ésta hubiera sido la elección divina para ella) o pudo haber sido sustituida por alguna otra casa. "Todo lo que sea forzado a manifestarse a través de la voluntad personal, es algo 'mal adquirido', y siempre fracasará".

Se le advierte al hombre: "Se hará mi voluntad, no la tuya", y lo más curioso es que el hombre siempre obtiene lo que desea cuando se desprende de su voluntad personal, y por lo tanto, permitiendo a la Inteligencia

Infinita que trabaje a través de él, "mantente quieto y verás la salvación del Señor" (ley).

Por ejemplo: Una mujer me vino a ver bastante preocupada. Su hija había decidido hacer un viaje muy peligroso, por lo que ella estaba muy afligida.

Me dijo que había usado todos los argumentos existentes, señalándole todos los peligros a los que se podría enfrentar, y le había prohibido ir, pero su hija estaba resuelta a hacer el viaje. Yo dije a la mujer: "Estás forzando tu voluntad sobre tu hija, a lo cual no tienes derecho, y tu miedo al viaje sólo lo está atrayendo, ya que el hombre atrae aquello a lo que le teme", y agregué: "déjala ir y suéltala mentalmente; *ponla en manos de Dios,* y usa esta afirmación: 'Pongo la situación en las manos del *amor y la sabiduría infinitas*; si este viaje es el *plan divino*, lo bendigo y dejo de resistirme a él, pero si no es el *plan divino*, te doy gracias de que se disuelva y desaparezca'". Un día o dos después de eso, su hija le dijo: "Madre, ya no iré al viaje," y la situación volvió a la normalidad.

Es aprender a "mantenerse inmóvil" lo que resulta tan difícil para el hombre. Traté más ampliamente acerca de esta ley en el capítulo de la no resistencia.

Daré otro ejemplo sobre el sembrar y cosechar, que me llegó de la manera más extraña. Una mujer vino a mí diciéndome que en el banco le habían dado un billete falso de veinte dólares. Estaba muy preocupada, por lo que me dijo: "La gente del banco nunca reconocerá su error".

Yo le contesté: "Analicemos la situación y veamos por qué la atrajiste". Ella estuvo pensando durante unos momentos y exclamó: "Ya sé, le mandé a una amiga algunos billetes de juguete como una broma". Así que la ley le había enviado a ella también dinero falso, ya que la ley no sabe de bromas.

Le dije: "Ahora llamaremos a la ley del perdón, y neutralizaremos la situación".

La cristiandad está fundada en la *ley del perdón*: Cristo nos ha salvado de la maldición de la *ley kármica* y el Cristo dentro de cada hombre es su *redención y salvación* de todas las condiciones discordantes.

Así que dije: "*espíritu infinito*, hacemos un llamado a la *ley del perdón* y damos gracias de que ella esté bajo la gracia y no bajo la ley, y no puede perder sus veinte dólares puesto que le pertenecen por derecho divino".

"Ahora", le dije "regresa al banco y diles sin temor que el billete te dieron ahí ese billete por error". Me obedeció, y para su sorpresa, ellos se disculparon y le dieron otro billete, tratándola de la manera más amable.

Por lo tanto, el conocimiento de la ley otorga al hombre el poder para "borrar sus errores". El hombre no puede forzar lo externo para que sea lo que él no es.

Si desea riquezas, primero debe ser rico en su conciencia. Por ejemplo: Una mujer vino a mí pidiéndome un tratamiento para la prosperidad. Ella no se interesaba mucho en sus quehaceres domésticos y su casa estaba en gran desorden.

Yo le dije: "Si deseas ser rica, primero debes ser ordenada. Todos los hombres de gran riqueza son ordenados y el orden es la primera ley del cielo".

Ella tenía un gran sentido del humor y comenzó inmediatamente a poner su casa en orden. Reacomodó los muebles, limpió los cajones de las cómodas, lavó las alfombras, y en poco tiempo recibió una gran demostración económica: un regalo de un pariente. La mujer misma, se volvió más ordenada y se mantiene en buena posición económica al estar siempre alerta sobre lo *externo y esperando la prosperidad, sabiendo que Dios es su providencia.*

Mucha gente ignora el hecho de que los regalos y las cosas son inversiones, y que el atesorar y guardar invariablemente los lleva a la pérdida.

"Hay aquellos que prodigan y aún así incrementan; y hay aquellos que guardan más de lo necesario, pero tienden a la pobreza".

Por ejemplo: Conocí a un hombre que quería comprar un abrigo de piel. Fue con su esposa a varias tiendas pero no encontraron lo que él quería. Todos se veían muy corrientes. Al fin, le mostraron uno, el vendedor dijo que estaba valuado en mil dólares, pero que el gerente se lo vendería por quinientos, puesto que era fin de temporada. Todo lo que poseía era alrededor de setecientos dólares. Su razonamiento le decía: "No te puedes permitir gastar casi todo lo que tienes en un abrigo", pero él era muy intuitivo y nunca razonaba.

Se volvió hacia su esposa y le dijo: "Si me compro este abrigo, ¡ganaré una tonelada de dinero!". Así que su esposa accedió, aunque débilmente.

Por ejemplo: Una mujer me dijo que el Día de Acción de Gracias informó a su familia que no podrían permitirse tener cena ese día. Ella tenía el dinero, pero había decidido guardarlo.

Unos días después, alguien se introdujo en su habitación y robó de su cómoda exactamente lo que se hubiera gastado en la cena.

La ley siempre está detrás del hombre que gasta sin miedo y con sabiduría.

Por ejemplo: Una de mis alumnas fue de compras con su sobrino. El niño pedía un juguete, a lo que ella le contestó que no tenía dinero para comprárselo.

De pronto ella comprendió que estaba buscando la carencia y ¡no estaba reconociendo a Dios como su providencia!

Así que compró el juguete y de regreso a su casa, *se encontró exactamente la cantidad que había gastado en éste.*

La providencia del hombre es inextinguible y no falla cuando se cree firmemente en ella, pero la fe o la confianza deben preceder a la demostración. "De acuerdo a tu fe te será dado. La fe es la sustancia de lo que se desea, la evidencia de lo que no se ve: porque la fe mantiene firme la visión y las imágenes adversas se disuelven y se disipan y a su debido tiempo cosecharemos, si no desmayamos".

Jesucristo nos trajo buenas noticias (el evangelio) de que existía una ley más grande que la del *karma* y que dicha ley trasciende la ley del *karma*. Es la de la gracia, o del perdón. Es la ley que libera al hombre de la ley de la causa y del efecto: la ley de la consecuencia. "Bajo la gracia, y no bajo la ley".

Se nos dice que en este plano, el hombre cosecha donde no ha sembrado; los dones de Dios simplemente son derramados sobre él. "Todo lo que el Reino aporte es de él". Este estado continuo de felicidad espera al hombre que se sobrepone a su pensamiento social (o mundo).

En el mundo de los pensamientos hay tribulaciones, pero Jesucristo dijo: "Mantén el ánimo; yo me he sobrepuesto al mundo".

El mundo del pensamiento es un mundo de pecado, enfermedad y muerte. Él vio su absoluta irrealidad y dijo: "la enfermedad y no el pesar, morirá y la muerte misma, el último enemigo, será superado".

Ahora sabemos, desde un punto de vista científico, que la muerte puede ser superada con el hecho de grabar en el subconsciente la convicción de la eterna juventud y de la vida eterna.

El subconsciente, siendo simplemente poder sin dirección, *lleva a cabo las órdenes sin preguntar:*

Al trabajar bajo la dirección del superconsciente (el Cristo o el Dios dentro de cada hombre) se logrará la "resurrección del cuerpo".

El hombre ya no arrojará su cuerpo a la muerte, sino que será transformado en el "cuerpo eléctrico", cantado por Walt Whitman, ya que la Cristiandad está fundada en el perdón de los pecados y "una tumba vacía".

Deshaciéndose de la carga

Grabando en el subconsciente

Cuando el hombre conoce su propio poder y, la manera en que trabaja su mente, su gran deseo es encontrar un modo rápido y fácil de grabar el bien en el subconsciente, ya que el simple conocimiento intelectual de la *verdad* no dará resultados.

En mi caso personal, encontré el modo más fácil de "deshacerme de la carga".

Un metafísico me lo explicó una vez de la siguiente manera. Él dijo: "Lo único que da algún peso en naturaleza, es la ley de la gravedad, y si una roca no pudiera ser levantada más alto que el planeta, no habría peso en esa piedra"; y eso es lo que Jesucristo quiso decir cuando dijo: "Mi yugo es fácil y mi carga ligera".

Él había superado al mundo de la vibración y funcionaba en un reino de cuatro dimensiones, donde solamente existe perfección, consumación, vida y alegría.

Él dijo: "Venid a mí todos ustedes que trabajan y llevan una pesada carga, y les daré el descanso. Toma mi yugo sobre ti, ya que mi yugo es fácil y mi carga es ligera".

También se nos dice en el Salmo 55, que: "Echemos la carga sobre el Señor". Muchos pasajes de la Biblia mencionan que *la batalla es de Dios no del hombre* y que el hombre siempre debe "permanecer quieto" y observar la Salvación del Señor.

Esto indica que el superconsciente (o el Cristo interior) es el departamento que pelea la batalla del hombre y lo releva de sus cargas.

Por lo tanto, vemos que el hombre viola la ley si lleva una carga, y esa carga es un pensamiento o condición adversa, y este pensamiento o condición tiene sus raíces en el subconsciente.

Parece casi imposible hacer algún adelanto dirigiendo al subconsciente del consciente o mente pensante, ya que la mente pensante (el intelecto) está limitada en sus concepciones, y llena de dudas y temores.

Qué tan científico es entonces, echar la carga sobre el superconsciente (o el *Cristo interior*) donde se hace ligera, o se disuelve en su "nada original".

Por ejemplo: Una mujer con una gran necesidad de dinero, "hizo la carga ligera" en su *Cristo interior*, el superconsciente, con esta afirmación: "¡Yo le dejo esta carga de carencia a mi *Cristo (interior)* y me libero para tener en abundancia!".

Creer en la carencia era su carga y al dejársela al superconsciente con la creencia en la abundancia, una avalancha de provisión fue el resultado. Leemos que:

El Cristo en ti espera la gloria.

Otro ejemplo: A uno de mis alumnos le regalaron un piano nuevo, y no tenía lugar en su estudio para acomodarlo hasta que se deshiciera del viejo piano. Estaba perplejo. Quería quedarse con el antiguo, pero no tenía donde colocarlo. Estaba desesperado, ya que el nuevo piano iba a ser enviado de inmediato; de hecho, ya estaba en camino. Dice que se le ocurrió repetir: "Dejo esta carga a mi Cristo interior y me libero".

Poco después, sonó su teléfono y una amiga le preguntó si le podría rentar su viejo piano, y fue por éste solamente unos minutos antes de que llegara el nuevo.

Conocí a una mujer, cuya carga era el resentimiento. Ella dijo: "Dejo esta carga del resentimiento a mi *Cristo interior* y me libero, para poder ser amante, armoniosa y feliz". El Todopoderoso superconsciente, llenó el subconsciente con amor y toda su vida cambió. Durante años, el resentimiento la había mantenido en un estado de sufrimiento y había aprisionado su alma (el subconsciente).

La afirmación debe ser hecha una y otra vez, algunas veces durante horas, en silencio o en voz alta, tranquilamente pero con determinación.

Yo he comparado a menudo esto con darle cuerda a un fonógrafo. Debemos "darnos cuerda" nosotros mismos con palabras. He notado que, cuando "dejo la carga", al poco tiempo, uno parece ver más claramente. Es imposible tener una visión clara mientras se esté dentro de una mente carnal. Las dudas y los temores envenenan la mente y el cuerpo, y la imaginación se vuelve loca, atrayendo el desastre y la enfermedad.

Repitiendo esta afirmación continuamente: "Dejo esta carga a mi Cristo interior y me libero", la visión se aclara y con ello llega un sentimiento de descanso, y tarde o temprano viene la manifestación del bien, ya sea en salud, felicidad o provisión.

Uno de mis estudiantes me pidió una vez que le explicara qué significaba "la oscuridad antes de la luz". En el capítulo anterior, me refería al hecho de que a menudo, antes de la gran demostración "todo parece ir mal," una gran depresión nubla la conciencia. Esto significa que están saliendo del subconsciente las dudas y los temores de muchos años. Estas viejas reliquias del subconsciente salen a la superficie para ser erradicadas.

Es entonces cuando el hombre debe tocar sus tambores, como Josafat, y darle gracias de que ha sido salvado, aunque parezca que está rodeado por el enemigo (la situación de carencia o la enfermedad). El estudiante continuó: "¿Cuánto debe uno permanecer en la oscuridad?", y yo le contesté: "Hasta que puedas ver en la oscuridad y dejar la carga te permite hacerlo".

Para poder grabar en el subconsciente, la fe activa es siempre esencial. "La fe sin obras es una fe muerta". En estos capítulos me he esforzado mucho en acentuar este punto.

Jesucristo demostró su fe activa cuando ordenó a la multitud que se sentara en el piso, antes de dar gracias por los panes y los peces.

Daré otro ejemplo que muestra qué tan necesario es este paso. De hecho, la fe activa es el puente, sobre el que el hombre pasa hacia la tierra prometida. Por un mal entendido, una mujer había estado separada de su esposo, a quien amaba mucho. Él se rehusaba a todas las ofertas para la reconciliación y no se quería comunicar con ella de ningún modo.

Al conocer la *ley espiritual,* ella negó la apariencia de la separación, e hizo esta afirmación: "No hay separación en la *mente divina,* por lo tanto, no puedo estar separada del amor y la compañía que me pertenecen por derecho divino".

Ella mostró una fe activa al poner todos los días un cubierto para él en la mesa; y así grabando en el subconsciente una imagen de su regreso, pasó casi un año, pero ella nunca cedió, y *un día él regresó.*

El subconsciente a menudo puede ser grabado a través de la música. La música tiene una cualidad cuadridimensional y libera el alma de su prisión. ¡Hace que cosas maravillosas parezcan *posibles y fáciles de conseguir*!

Tengo un amigo que oye música con ese propósito todos los días. Esto lo armoniza perfectamente y libera la imaginación.

Otra mujer, a menudo baila mientras hace sus afirmaciones. El ritmo y la armonía de la música y el movimiento llevan sus palabras con un tremendo poder.

El estudiante debe recordar también, no despreciar un "día lleno de cosas pequeñas". Invariablemente, antes de una demostración, vienen "señales de tierra".

Antes de que Cristóbal Colón tocara las costas de América, vio pájaros y raíces que le demostraban que la tierra estaba cerca. Así son las demostraciones; pero a menudo los estudiantes toman las señales como una demostración misma, y se desilusionan.

Por ejemplo: Una mujer había "pedido" por una vajilla. Poco tiempo después una amiga le regaló un plato viejo y estrellado. Vino a verme y me dijo: "Pedí una vajilla y todo lo que obtuve fue un plato estrellado".

Yo le contesté: "El plato fue sólo la señal de tierra a la vista. Esto te demuestra que tu vajilla está en camino; míralo como Colón vio los pájaros y las raíces," y poco después, llegó la vajilla.

Al "pretender" continuamente, uno graba en el subconsciente. Si uno pretende ser rico, y pretende que tiene éxito, "a su debido tiempo cosechará".

Los niños siempre "pretenden", y "a menos que tú te conviertas, y te vuelvas un niño, no entrarás en el Reino de los Cielos".

Por ejemplo: Conozco una mujer que era muy pobre, pero nadie podía hacerla *sentir pobre.* Ella se ganó un poco de dinero de unos amigos ricos, quienes constantemente le recordaban su pobreza, y le decían que tuviera cuidado y ahorrara. A pesar de sus consejos, ella gastaba todo lo que ganaba, ya fuera en un sombrero, o para hacerle un regalo a alguien, y entraba en un estado de excitación mental. Sus pensamientos siempre estaban centrados en bellos vestidos y "anillos y cosas", pero sin envidiar a otros.

Vivía en el mundo de las maravillas, y solamente la riqueza le parecía real. Al poco tiempo se casó con un hombre muy rico, y los anillos y las cosas se hicieron visibles. No sé si el hombre era la "elección divina", pero la opulencia se tenía que manifestar en su vida, ya que ella solamente había imaginado opulencia.

No hay paz o felicidad para el hombre, hasta que él haya borrado todo el temor de su subconsciente.

El temor es energía mal dirigida y debe ser redirigida, o transformada en fe.

Jesucristo dijo: "¿Por qué temes, hombre de poca fe?. Todo es posible para el que tiene fe".

Frecuentemente me preguntan mis alumnos: "¿Cómo puedo deshacerme del miedo?".

"Al enfrentarte a aquello a lo que le temes", les contesto.

El león toma su fiereza de su temor.

Enfréntate al león y desaparecerá; escapa de él y te perseguirá.

He mostrado en capítulos anteriores cómo el león de la carencia desapareció cuando el individuo gastó el dinero sin miedo, mostrando fe en que Dios era su *providencia* y por lo tanto, no le fallaría.

Muchos de mis estudiantes han escapado de la esclavitud de la pobreza, y están ahora plenamente provistos, a través de perder el miedo a dejar ir el dinero. El subconsciente tiene grabada la verdad de que *Dios es el Dador y el Regalo mismo;* por lo tanto como somos uno con el Dador, él es uno con el Regalo. Una afirmación espléndida es: "Ahora le doy gracias a Dios el Dador por el Regalo de Dios".

El hombre ha estado tanto tiempo separado de su bienestar y su provisión, a través de pensamientos de separación y carencia, que algunas veces se necesita dinamita para desprender estas falsas ideas del subconsciente, y la dinamita es una solución desesperada.

Vemos en el ejemplo anterior, cómo el individuo fue liberado de su esclavitud al mostrar que *no temía.*

El hombre debería vigilarse a sí mismo hora tras hora para detectar si su motivo para la acción es el miedo o la fe.

"Escoge este día a quién debes servir: al temor o a la fe".

Tal vez nuestro temor sea de personalidad. Entonces no evites a la gente a la que temes; disponte a saludarlos con alegría, y ellos probarán, ya sea, "ser los eslabones de oro de la cadena de nuestro bien", o desaparecerán armoniosamente de nuestro camino. Tal vez nuestros temores sean hacia la enfermedad o los gérmenes. Entonces uno no debería temerles ni molestarse y seríamos inmunes a ellos. Uno sólo puede contraer un germen mientras se vibre al mismo ritmo que él, y el temor reduce al hombre al nivel del germen. Por supuesto, la enfermedad por un germen es el producto de la mente carnal, como todo pensamiento debe objetar. Los gérmenes no existen en el superconsciente o *mente divina*, y por lo tanto, son producto de la "imaginación vacía" del hombre.

En un abrir y cerrar de ojos,
la liberación del hombre vendrá
cuando éste comprenda que el mal no tiene poder.

El mundo material se puede desvanecer, y el mundo de la cuarta dimensión, el "mundo de lo maravilloso", se manifestará.

Y vi un nuevo cielo,
y una nueva tierra y no habrá más muerte,
ni pena ni llanto, tampoco habrá más dolor;
ya que las cosas anteriores habrán muerto.

Amor

Todos los hombres de este planeta se están iniciando en el amor. "Os doy un nuevo mandamiento: que os améis los unos a los otros". Ouspensky afirma en *Tertium Organum,* que el amor es un fenómeno cósmico, *y que le abre al hombre el mundo de la cuarta dimensión:* "el mundo de lo maravilloso".

El amor verdadero es desinteresado y está libre de temores. Se derrama sobre el objeto de su afección, sin pedir nada a cambio. Su felicidad es la alegría de dar. El amor es la manifestación de Dios y la fuerza magnética más fuerte en el universo. El amor puro, desinteresado, atrae hacia sí amor; no necesita buscar o pedir. Pocas veces se tiene el más ligero concepto sobre el amor verdadero. El hombre es egoísta, tiránico o temeroso en sus afectos, por lo tanto, pierde lo que ama. Los celos son el peor enemigo del amor, ya que la imaginación se vuelve loca, viendo al ser amado atraído hacia alguien más, e invariablemente estos temores se exteriorizan si no son neutralizados.

Por ejemplo: Una mujer vino a mí muy desesperada. El hombre que ella amaba la había dejado por otra mujer, y le dijo que nunca había tenido intención de casarse con ella. Ella estaba dividida entre los celos y el resentimiento y dijo que esperaba que él sufriera tanto como la había hecho sufrir a ella; y agregó: "¿Cómo pudo haberme dejado cuando yo lo amaba tanto?".

Yo le contesté: "Tú no amas a ese hombre, en este momento lo estás odiando", y agregué: "Nunca podrás recibir lo que nunca has dado. Da amor perfecto y recibirás amor perfecto. Perfecciónate a ti misma en este hombre. Dale el amor perfecto, desinteresado, y sin esperar nada a cambio, no lo critiques ni lo condenes, y bendícelo dondequiera que esté".

Ella me contestó: "¡No, no lo bendeciré a menos que sepa donde se encuentra!".

"Bueno", le dije, "ese no es amor verdadero. Cuando envías amor verdadero, el amor verdadero regresará a ti, ya sea de este hombre o de su equivalente, ya que si este hombre no es la selección divina, tú no lo quieres. Al ser tú uno con Dios, tú eres alguien con el amor que te corresponde por derecho divino".

Pasaron varios meses y la situación continuó de la misma manera, pero ella estaba trabajando concienzudamente con ella misma. Yo le dije: "Cuando ya no te sientas perturbada por su crueldad, él cesará de ser cruel, ya que tú estás atrayendo a ti la crueldad a través de tus emociones".

Entonces le platiqué sobre una hermandad en India, quienes nunca se decían "Buenos días" unos a otros. Ellos usaban las siguientes palabras: "Saludo a la Divinidad dentro de ti". Ellos saludan la divinidad que existe dentro de cada hombre, y en los animales salvajes, en la selva, y nunca fueron heridos, ya que ellos veían en cada cosa viviente solamente a Dios. Yo le dije: "Saluda a la divinidad en este hombre, y di: Sólo veo tu ser divino. Te veo como Dios te ve, perfecto, hecho a su imagen y semejanza".

Descubrió que se estaba volviendo más reposada, y gradualmente fue perdiendo su resentimiento. Él era un Capitán y ella siempre lo llamaba "El Capi".

Un día, ella me dijo de pronto: "Dios bendiga al Capi donde quiera que se encuentre".

Yo le contesté: "Ves, ese es el amor verdadero y cuando tú te hayas convertido en un círculo completo y ya no estés perturbada por la situación, tendrás su amor, o atraerás a su equivalente".

Yo me estaba mudando de casa en esos días, y no tenía teléfono todavía, así que perdí contacto con ella durante algunas semanas, y una mañana recibí una carta que decía: "Nos casamos".

A la primera oportunidad le hice una llamada. Mis primeras palabras fueron: "¿Qué pasó?"

Ella exclamó: "¡Un milagro! Un día me desperté y todo el sufrimiento se había ido. Esa noche lo vi y me pidió que me casara con él. En menos de una semana nos casamos y nunca había yo visto un hombre tan devoto".

Hay un antiguo dicho: "Ningún hombre es tu enemigo, ningún hombre es tu amigo, todos los hombres son tus maestros".

Por lo tanto, uno se debe volver impersonal y aprender lo que cada hombre le tiene que enseñar y pronto aprenderá sus lecciones y será libre.

El hombre amado por la mujer le estaba enseñando amor desinteresado, lo que todo hombre, tarde o temprano, debe aprender. El sufrimiento no es necesario para el desarrollo del hombre; es el resultado de la violación de las leyes espirituales, pero poca gente parece capaz de levantarse a sí misma del "sueño del alma" sin él. Cuando la gente es feliz, normalmente se vuelve egoísta y automáticamente la ley del *karma* entra en acción. El hombre sufre de pérdida a través de la falta de apreciación.

Conocí a una mujer que tenía un esposo muy agradable, pero ella a menudo decía: "No me importa estar casada, pero no tengo nada contra mi esposo. Simplemente no estoy interesada en la vida de casada".

Ella tenía otros intereses, y raras veces recordaba que tenía un esposo. Solamente pensaba en él cuando lo veía. Un día su esposo le dijo que estaba enamorado de otra mujer y se fue. Ella vino a mí perturbada y resentida.

Yo le contesté: "Es exactamente lo que tú pediste. Tú dijiste que no te importaba nada estar casada, así que el subconsciente te sacó del matrimonio".

Ella dijo: "Sí, ya veo. La gente obtiene lo que desea y entonces se siente muy herida".

Pronto estuvo en perfecta armonía con la situación, y supo que ambos serían mucho más felices separados.

Cuando una mujer se vuelve indiferente o crítica, y deja de ser una inspiración para su esposo, él extraña el estímulo que había al principio de la relación y se vuelve inquieto e infeliz.

Un hombre vino a verme abatido, miserable y pobre. Su esposa estaba interesada en la "ciencia de los números," y lo había hecho leer al respecto. Parecía que el reporte no era nada favorable, ya que él dijo: "Mi esposa dice que nunca seré nada, que soy un cero a la izquierda".

Yo le contesté: "No me importa que número eres, tú eres la idea perfecta en la mente divina, y pediremos el éxito y la prosperidad que están planeadas de antemano para ti por la *inteligencia infinita*". En pocas semanas, él tenía una magnífica posición, y un año o dos después, alcanzó un brillante éxito como escritor. Ningún hombre tiene éxito en los negocios a menos que ame su trabajo. El retrato que pinta el artista con amor (hacia su arte) es su obra más grandiosa. La obra artística siempre se debe vivir intensamente.

Ningún hombre puede atraer el dinero si lo desprecia. Mucha gente está en la pobreza por decir: "El dinero no significa nada para mí, y me cae mal la gente que tiene dinero".

Esta es la razón de que muchos artistas sean pobres. Su coraje contra el dinero los separa de él.

Recuerdo haber oído a un artista decirle a otro:

Él no es un buen artista,
tiene dinero en el banco.

Este estado mental, por supuesto, separa al hombre de su provisión; para atraer una cosa, el hombre debe estar en armonía con ella.

El dinero es la manifestación de Dios, como la libertad del desear y la limitación, pero debe ser siempre puesto en circulación y puesto para un buen uso. El atesorar y el ahorrar reaccionan con venganza. Esto no significa que el hombre no deba tener casas o terrenos, acciones o bonos, ya que "los graneros del hombre recto siempre estarán llenos". Esto significa que el hombre no debe atesorar su dinero si se presenta la necesidad de usarlo. Dejar ir el dinero sin miedo y con alegría le abre el camino para que entre más, ya que Dios es la providencia infalible e infatigable del hombre.

Esta es la actitud espiritual hacia el dinero y ¡el gran Banco Universal nunca falla!

Vemos un ejemplo de atesorar en la película "Ambición". La mujer ganó cinco mil dólares en la lotería, pero no los quería gastar. Los atesoró y los ahorró, dejó a su esposo sufrir y morirse de hambre, y eventualmente ella tuvo que limpiar pisos para poder vivir.

Ella amaba al dinero mismo y lo ponía por encima de todo, y una noche la asesinaron y su dinero fue arrebatado.

Este es un ejemplo de que "el amor al dinero es la raíz del mal". El dinero en sí, es bueno y beneficioso, pero si se usa con propósitos destructivos, si es atesorado y ahorrado, o considerado más importante que el amor, trae enfermedad y desastre y la pérdida del dinero mismo. Sigue el camino del amor y todo lo demás vendrá por añadidura, ya que Dios es amor y Dios es provisión; sigue el camino del egoísmo y la ambición, y la provisión se desvanecerá o el hombre será separado de él.

Por ejemplo, conocí el caso de una mujer muy rica, quien atesoraba su ingreso. Ella rara vez daba algo, pero compraba cosas sólo para ella.

Era muy aficionada a los collares y una amiga le preguntó cuántos tenía. "Sesenta y siete", contestó. Los compraba y los guardaba cuidadosamente envueltos en papel de seda. Si hubiera usado los collares podría haber sido correcto, pero ella estaba violando la ley del uso. Sus armarios estaban llenos de ropa que nunca usaba, y joyas que nunca veían la luz.

Los brazos de la mujer se empezaron a paralizar de tanto agarrarse a las cosas y eventualmente se sintió incapaz de manejar sus asuntos y su riqueza pasó a otros para que la manejaran.

Así que el hombre, que ignora la ley, provoca su propia destrucción.

Todas las enfermedades y la infelicidad vienen de la violación de la ley del amor. El *boomerang* del odio, del resentimiento y de la crítica, se le regresa lleno de enfermedad y pena. El amor parece un arte casi en extinción, pero el hombre con el conocimiento de la ley espiritual sabe que debe volver a ganarlo, pues con él, el hombre "se convertirá en un brillante metal y un cimbreante platillo".

Por ejemplo: Tuve una estudiante que me abordaba cada mes para limpiar su conciencia del resentimiento. Después de algún tiempo, llegó al punto en que estaba resentida solamente con una mujer, pero esa mujer era suficiente para mantenerla ocupada. Poco a poco se volvió más reposada y armoniosa, y un día, todo el resentimiento fue erradicado.

Ella llegó radiante y exclamó: "¡No puedes comprender cómo me siento! La mujer me dijo algo y en lugar de ponerme furiosa, fui amable y cariñosa, y ella se disculpó y, fue sumamente amable conmigo. ¡Nadie puede entender la maravillosa brillantez que siento dentro de mí!".

El amor y la buena voluntad son invaluables en los negocios.

Por ejemplo: Una mujer vino a verme quejándose de su jefa. Me dijo que era fría y muy crítica y que sabía que no la quería en ese trabajo.

"Bueno", le contesté: "Saluda a la divinidad en la mujer y mándale amor".

Ella dijo: "No puedo, es una mujer de mármol".

Yo le contesté: "¿Recuerdas la historia del escultor que pidió una cierta pieza de mármol? Le preguntaron por qué la quería y él contestó: porque hay un ángel en el mármol, y del mármol sacó una maravillosa obra de arte".

Ella dijo: "Está bien, trataré". Una semana después regresó y me dijo: "Hice lo que me dijiste y ahora la mujer es muy amable conmigo y me llevó a pasear en su automóvil".

La gente a veces está llena de remordimientos por haberse portado mal con alguien, muchas veces años atrás. Si el mal no puede ser remediado, su efecto puede ser neutralizado al hacer algo bueno en el presente.

Esto que hoy hago, lo hago olvidando lo que quedó detrás y tratando de alcanzar lo que está adelante.

La pena, el arrepentimiento y el remordimiento rompen las células del cuerpo y envenenan la atmósfera del individuo.

Una mujer me dijo con gran pena: "Dame un tratamiento para ser feliz y alegre, ya que mi pena me vuelve tan irritable con los miembros de mi familia, que estoy haciéndome más *karma*".

Se me pidió que tratara a una mujer que estaba penando por su hija. Yo negué toda creencia en pérdida y separación y afirmé que Dios era la alegría, el amor y la paz de la mujer. La mujer se recuperó al momento, pero me envió un recado con su hijo de que ya no la tratara más, porque era "tan feliz" que pensaba que no era correcto pedir más.

Así que la "mente mortal" adora estar atada a sus penas y remordimientos.

Conocí a una mujer que alardeaba de sus problemas, y por supuesto, siempre tenía de qué alardear.

Antes se creía que si una mujer no se preocupaba por sus hijos, no era una buena madre. Ahora, sabemos que el temor maternal es responsable de muchas de las enfermedades y accidentes que ocurren en la vida de los niños. Ya que el miedo imagina vívidamente la enfermedad o la situación temida, y estas imágenes se materializarán si no son neutralizadas.

Una madre feliz que pueda decir sinceramente que ella pone a su hijo en las manos de Dios sabe, por lo tanto, que está protegido divinamente.

Por ejemplo: Una mujer se despertó sobresaltada por la noche, sintiendo que su hermano estaba en un gran peligro. En lugar de dejarse envolver por sus miedos, ella comenzó a hacer afirmaciones de verdad, diciendo: "El hombre es una idea perfecta en la Mente Divina y siempre está en su lugar correcto, por lo tanto, mi hermano está en su lugar correcto y está protegido divinamente".

Al día siguiente supo que su hermano había estado muy cerca del lugar donde explotó una mina, pero que había escapado milagrosamente.

Así que el hombre es el guardián de su hermano (en pensamiento) y cada hombre debería saber que lo que él ama vive en "el lugar secreto más alto, y se cobija bajo la sombra del Todopoderoso".

No te vendrá ningún mal,
ni ninguna plaga llegará a tu casa.

"El amor perfecto nos libró del miedo. Aquél que ha temido no tiene el amor perfecto," y "El amor es el cumplimiento de la Ley".

Intuición o guía

"Todos los caminos conducen a él, él dirigirá tus pasos".

No existe nada imposible de alcanzar para el hombre que conoce el poder de su palabra y que sigue sus impulsos. A través de la palabra, activa fuerzas invisibles y puede reconstruir su cuerpo o reordenar sus asuntos.

Por lo tanto, es de vital importancia elegir las palabras correctas, por lo que el estudiante selecciona cuidadosamente la afirmación que desea enviar hacia lo invisible.

Él sabe que Dios es su providencia, que hay una provisión para cada petición y que su palabra hablada libera esta provisión.

Pide y recibirás.

El hombre debe hacer el primer movimiento: "Impúlsate hacia Dios y Dios se impulsará hacia ti".

Frecuentemente me han solicitado hacer una demostración.

Yo les respondo: "Haz la petición y no hagas nada hasta que obtengas una señal definitiva". Pide la señal diciendo: "Espíritu Infinito, revélame el camino, déjame saber si hay algo que deba hacer".

La respuesta vendrá a través de la intuición (o presentimiento); una observación en broma de parte de alguien, o un párrafo en un libro, etc. Las respuestas son en ocasiones sorprendentes por su exactitud. Por ejemplo: Una mujer deseaba conseguir una gran suma de dinero. Ella hizo, la petición: "*espíritu infinito*, abre el camino para mi inmediata provisión, deja que todo lo que es mío por derecho divino, me sea concedido ahora, con gran abundancia". Entonces ella agregó: "Dame una señal definitiva, permíteme saber si hay algo que deba hacer".

El pensamiento llegó rápidamente: "Dale a un cierto amigo (quien la había ayudado espiritualmente) cien dólares". Ella comunicó esto a su amigo, quien le contestó: "Espera y obtén otra señal antes de darlo". Así que ella esperó y ese día conoció a una mujer que le dijo: "Le di a una persona un dólar hoy, es lo mismo que si tú le das cien dólares a alguien".

Esto era sin duda una señal inequívoca, así que ella supo que era correcto dar los cien dólares. Era un regalo que evidenciaba una gran inversión, porque poco después, una gran suma de dinero le llegó de una manera admirable.

El dar abre el camino para recibir. Para poder estimular la actividad en lo económico, uno debe claro el dar un diezmo, es decir, una décima parte de sus ganancias, es una vieja costumbre judía, y es una seguridad que traerá un incremento. Muchos de los hombres más ricos en este país tienen la costumbre de dar un diezmo y nunca he tenido noticias de que les falle como inversión.

La décima parte va hacia adelante y regresa bendecida y multiplicada. Pero la dádiva del diezmo debe ser brindada con amor y alegría, ya que "Dios amaba a los que dan con alegría". Las facturas deben ser pagadas con alegría; el dinero debe ser enviado sin miedo y con bendiciones.

Esta actitud mental convierte al hombre en el amo del dinero. Es suyo para que lo obedezca, y su palabra abrirá entonces una vasta reserva de riqueza.

El hombre mismo, limita esta provisión debido a su limitada visión. Algunas veces el estudiante tiene una gran imaginación sobre la riqueza, pero tiene miedo de actuar.

La visión y la acción deben ir de la mano, como en el caso del hombre que compró el abrigo de piel.

Una mujer vino a verme para pedirme que "hiciera la petición" para un empleo. Así que yo pedí: "*espíritu infinito*, abre el camino para que le sea dado a esta mujer el empleo correcto". Nunca pidas sólo "un empleo," pide por el empleo correcto, el lugar de antemano planeado en la *mente divina*, ya que éste será el único que te dará satisfacción.

Entonces di gracias de que ella ya hubiera recibido y de que se manifestaría rápidamente. En poco tiempo, tres empleos le fueron ofrecidos, dos en Nueva York y uno en Palm Beach, y ella no sabía cuál escoger. Yo le dije: "Pide por una señal definitiva". Ya casi se le había terminado el tiempo y todavía no se decidía, cuando me llamó para decirme: "Cuando desperté; esta mañana, casi podía oler Palm Beach". Ella ya había estado ahí antes y conocía su fragancia balsámica.

Yo le contesté: "Bueno, si puedes oler Palm Beach desde ahí, seguramente esa es tu señal". Ella aceptó el empleo y fue un éxito. Con frecuencia las señales llegan de un modo inesperado.

Un día, mientras caminaba por la calle, sentí una urgente necesidad de ir precisamente a una pastelería que estaba una o dos calles más adelante. La razón se resistía argumentando: "No hay nada ahí que tú quieras".

De cualquier manera, yo había aprendido a no razonar, así que fui a la pastelería, observé todo y no había nada ahí que yo quisiera, pero al salir me encontré a una mujer en quien había estado pensando frecuentemente, y que necesitaba mucho mi ayuda.

Muchas veces uno va por una cosa y encuentra otra. La intuición es una facultad espiritual y no da explicaciones, simplemente señala el camino.

Alguien recibe varias señales durante un "tratamiento". La idea que le llega puede parecer irrelevante, pero algunas de estas señales de Dios son "misteriosas".

Un día, durante la clase, estaba dando un tratamiento para que cada individuo recibiera una señal definitiva. Una mujer se me acercó después y me dijo: "Mientras estaba en el tratamiento, presentí que debía sacar mis muebles de la bodega y conseguir un departamento". La mujer había venido por un tratamiento para su salud. Le dije que yo sabía que el tener su propia casa mejoraría su salud, y agregué: "Creo que tu problema, que es la congestión, te ha venido a causa de tener guardadas tus cosas. La congestión de las cosas causa congestión en el cuerpo. Tú violaste la ley del uso, y tu cuerpo está pagando la pena". Así que di las gracias de que "El *orden divino* se hubiera establecido en su mente, su cuerpo y sus asuntos".

La gente piensa poco en cómo sus asuntos reaccionan en el cuerpo. Hay una correspondencia mental para cada enfermedad. Una persona puede recibir curación instantánea a través de la comprensión de que su cuerpo es la idea perfecta en la *mente divina*, y por lo tanto, un todo perfecto, pero si continúa con sus pensamientos destructivos, tales como acumular odio, miedo, crítica; la enfermedad regresará.

Jesucristo sabía que todas las enfermedades venían del pecado, pero previno al leproso antes de curarlo, de que si no dejaba de pecar, peores cosas le sucederían.

Así que el alma del hombre (o mente subconsciente) debe estar más blanca que la nieve, para obtener una curación permanente; y el metafísico siempre está cavando más hondo para encontrar la "correspondencia".

Jesucristo dijo:

No condenes,
ya que tú también serás condenado.

No juzgues, porque serás juzgado.

Mucha gente ha atraído la enfermedad y la infelicidad a través de condenar a otros.

Lo que el hombre condena en otros, atrae hacia sí mismo.

Por ejemplo: Una amiga vino a verme indignada y angustiada porque su esposo la había dejado por otra mujer. Ella condenaba a la otra mujer y decía continuamente: "Ella sabía que él era casado, y no tenía derecho de aceptar sus atenciones".

Yo le contesté: "Deja de condenar a la otra mujer, bendícela, y continúa con la situación, de otro modo, estás atrayendo lo mismo para ti".

Ella no escuchaba mis palabras y un año o dos después, estaba ella misma, muy interesada en un hombre casado.

El hombre recoge un alambre pelado cuando critica o condena, y puede estar casi seguro que recibirá una descarga eléctrica.

La indecisión es un bloque tambaleante en muchos sentidos. Para poderla superar, haz la siguiente afirmación repetidas ocasiones: "Siempre estoy directamente bajo la inspiración; tomo las decisiones correctas rápidamente".

Estas palabras se graban en el subconsciente y pronto se encuentra uno despierto y alerta, haciendo, sin dudar, los movimientos correctos. He encontrado que es muy destructivo buscar en el plano psíquico una guía, ya que este es plano de varias mentes y no la "única mente".

Al abrir su mente a la subjetividad, el hombre se convierte en un blanco para las fuerzas destructivas. El plano psíquico es el resultado del pensamiento mortal del hombre, y está en el "plano de las oposiciones". Puede recibir buenos o malos mensajes.

La ciencia de los números y la lectura de los horóscopos, mantienen a un hombre en un nivel bajo en el plano mental (o mortal), puesto que tratan solamente con el camino *kármico*.

Conozco un hombre que debería estar muerto hace años, de acuerdo con su horóscopo, pero que está vivo y es el líder de uno de los movimientos para el mejoramiento de la humanidad más grandes de este país.

Se requiere una mente muy potente para neutralizar una profecía maléfica. El estudiante debe expresar: "Cada profecía falsa se nulificará; cada acción que no ha planeado mi Padre en el cielo, deberá ser disuelta y sólo sucederá la idea divina".

De cualquier modo, si uno ha recibido un mensaje bueno de felicidad y riqueza venidera, recibe estos dones y espéralos, y se te manifestarán tarde o temprano a través de la ley de la expectativa.

La voluntad del hombre deberá usarse para respaldar la voluntad universal: "Yo deseo que la voluntad de Dios se cumpla".

Es la voluntad de Dios otorgar a cada hombre todos los buenos deseos de su corazón, y la voluntad del hombre será usada para mantener una visión perfecta, sin dudar. El hijo pródigo dijo: "Me levantaré e iré hacia mi Padre".

Esto es, sin duda, un esfuerzo de la voluntad para abandonar los pozos y suciedades del pensamiento mortal. Es más fácil, para la gente común, temer, que tener fe; por lo tanto, la fe es un esfuerzo de la voluntad.

El hombre, al irse despertando espiritualmente reconoce que cualquier desarmonía externa es la correspondencia a una desarmonía mental. Si se tambalea o cae, puede saber que se está tambaleando o cayendo en su conciencia.

Un día, una estudiante iba caminando por la calle condenando a alguien mentalmente. Iba diciendo: "Esa mujer es la persona más desagradable del mundo". En ese instante, tres *scouts* dieron vuelta a la esquina corriendo y la tumbaron. Ella no condenó a los *boy scouts,* pero inmediatamente invocó a la ley del perdón y "saludó a la divinidad" en la mujer. Los caminos de la sabiduría son caminos placenteros y todos sus caminos son de paz.

Cuando uno ha hecho sus peticiones al Universal, debe estar listo para recibir sorpresas. Puede parecer que todo va mal, cuando en realidad, todo está bien.

Por ejemplo: Se le dijo a una mujer que no había pérdida en la mente divina, y por lo tanto, ella no podría perder nada que le perteneciera; que lo que perdiera se le regresaría, o ella recibiría su equivalente.

Varios años antes, ella había perdido dos mil dólares. Le había prestado el dinero a un pariente, pero el pariente murió y no le dejó nada en su testamento. La mujer estaba resentida y enojada, y como no tenía nada firmado sobre esta transacción, nunca recibió el dinero, así que ella estaba determinada a no aceptar la pérdida, y cobrar los dos mil dólares del *banco del universal*. Ella debía empezar por perdonar a su pariente, ya que el resentimiento y la falta de perdón cierran las puertas de este maravilloso banco.

Ella hizo esta afirmación: "Yo niego la pérdida, no hay pérdidas en la *mente divina*, por lo tanto, no puedo perder los dos mil dólares, ya que me pertenecen por derecho divino".

Cuando se te cierra una puerta
otra se te abrirá.

Ella vivía en un edificio de departamentos y en el contrato había una clausula, que decía que si el edificio se vendía, se les pediría a los inquilinos mudarse en un plazo de noventa días.

Repentinamente, el dueño rompió los contratos y subió la renta. De nuevo, la injusticia se presentó en su camino, pero esta vez ella no estaba preocupada. Ella bendijo al dueño y dijo: "Como la renta ha sido subido, esto significa que yo seré mucho más rica, ya que Dios es mi providencia".

Se hicieron los nuevos contratos con la renta más alta, pero por algún "error divino" la clausula de los noventa días había sido olvidada. Poco después el dueño tuvo la oportunidad de vender el edificio. A causa del error en los nuevos contratos, los inquilinos pudieron quedarse en sus departamentos un año más.

El agente ofreció a cada inquilino doscientos dólares si desocupaban. Varias familias se mudaron; tres se quedaron, incluyendo la mujer. Pasaron varios meses, y el agente regresó. Esta vez preguntó a la mujer, "¿rompería su contrato por mil quinientos dólares?" En ese momento ella pensó: "Aquí vienen los dos mil dólares". Ella recordó el haber dicho a unos amigos en el edificio, "Actuaremos juntos si se dice algo más sobre que nos mudemos". Así que su señal fue consultar a sus amigos.

Ellos le dijeron: "Bueno, si te han ofrecido mil quinientos dólares, seguramente te darán los dos mil si se los pides". Así que ella recibió el cheque por dos mil dólares. Era en realidad una demostración admirable de la ley y la injusticia aparente estaba simplemente abriendo el camino para que ella recibiera su demostración.

Esto prueba que no hay pérdida, y cuando el hombre se pone en un estado espiritual, recoge todo lo que es de él de esta gran reserva de bien.

Te devolveré los años
que las langostas se han comido.

Las langostas son las dudas, los miedos, los resentimientos y arrepentimientos del pensamiento mortal.

Estos pensamientos adversos, por sí solos, roban al hombre; ya que "ningún hombre se da a sí mismo más que él mismo, y ningún hombre le quitará sino él mismo".

El hombre está aquí para probar a Dios y para "ser testigo de la verdad," y solamente puede probar a Dios al sacar suficiente de la carencia, y justicia de la injusticia.

Pruébame ahora aquí, dijo el Señor de los huéspedes,
si yo no abro las ventanas del cielo y derramo bendiciones,
no habrá lugar suficiente para recibirlas tampoco.

La perfecta expresión personal o el designio divino

"Ningún viento hará naufragar mi barca ni cambiará las corrientes del destino".

Para cada hombre existe una perfecta expresión personal. Hay un lugar que él deberá llenar y nadie más lo podrá llenar, algo que él tiene que hacer y que nadie más lo podrá hacer; ¡es su destino!

Este logro se mantiene como la idea perfecta en la *mente divina*, esperando el reconocimiento del hombre. Como la facultad de imaginación es la facultad creativa, es necesario que el hombre vea la idea, antes de que ésta pueda manifestarse.

Por lo tanto, la mayor petición que haga el hombre al Designio Divino es para su vida.

Él puede no tener ni la más ligera concepción de lo que esto significa, pero posiblemente algún talento maravilloso está escondido en él.

Su petición deberá ser: "*espíritu infinito*, abre el camino para que el *designio divino* de mi vida se manifieste; deja que el genio dentro de mí sea liberado; déjame ver con claridad el plan perfecto".

El plan perfecto incluye la salud, la riqueza, el amor y la perfecta expresión personal. Este es el cuadrado de la vida, el mismo que trae la felicidad perfecta. Cuando uno ha hecho esta petición, puede descubrir grandes cambios en su vida, puesto que casi todos los hombres han vagado lejos de los *designios divinos.*

Conozco el caso de una mujer cuya vida parecía arrasada por un ciclón, pero los reajustes vinieron rápido y situaciones nuevas y maravillosas tomaron el lugar de las antiguas.

La perfecta expresión personal nunca parecerá una labor; pero será tan absorbente que parecerá como un juego. El estudiante sabe también que el hombre, al ir entrando al mundo "financiado" por Dios, tendrá a la mano la providencia necesaria para su perfecta expresión personal.

Muchos genios han batallado durante años con el problema de la provisión, cuando su palabra hablada y la fe habrían liberado rápidamente los fondos necesarios.

Por ejemplo: Un día, después de clase, un hombre vino a mí y me dio un centavo diciéndome: "Todo lo que tengo en el mundo son siete centavos y te daré uno; ya que tengo fe en el poder de tus peticiones. Quiero que hagas una petición para lograr mi perfecta expresión personal y prosperidad".

Yo hice la petición y no volví a verlo hasta un año después. Llegó feliz, con un rollo de billetes en el bolsillo. Me dijo: "Inmediatamente después de que hiciste la petición, me ofrecieron un trabajo en una ciudad lejana y ahora estoy gozando de salud, felicidad y provisión".

La perfecta expresión personal de una mujer puede ser convertirse en una esposa perfecta, una madre perfecta, un ama de casa perfecta y no necesariamente en tener una carrera.

Pide por señales definitivas, y el camino te será facilitado.

Uno no debe visualizar o forzar las imágenes visuales. Cuando se pide que venga a la mente consciente de uno el *designio divino*, se recibirán destellos de inspiración y se empezará a ver uno mismo haciendo grandes logros. Esta es la imagen o idea que debe sostenerse sin flaquear.

Lo que el hombre busca, lo está buscando a él; ¡el teléfono estaba buscando a Bell!

Los padres nunca deben forzar las carreras o profesiones de sus hijos. Con el conocimiento de la *verdad espiritual, el plan divino* podría ser pedido a temprana edad y aún antes de nacer.

Un tratamiento antes de nacer debería ser: "Deja que el Dios en este niño tenga una perfecta expresión; deja que el *designio divino* de su mente, cuerpo y asuntos se manifieste a través de su vida, por toda la eternidad".

"La voluntad de Dios se cumplirá, no la del hombre; el patrón de Dios no el patrón del hombre, es el mandamiento que encontramos a través de las escrituras y la Biblia es un libro que trata con la ciencia de la mente. Es un libro que le dice al hombre cómo liberar su alma (o mente subconsciente) de la esclavitud".

Las batallas descritas son imágenes del hombre sosteniendo la guerra contra los pensamientos mortales. "Las faltas de un hombre deberán ser su propia morada". Cada hombre es Josafat, y cada hombre es David, quien mató a Goliat (el pensamiento mortal) con una pequeña piedra blanca (la fe)".

Así que el hombre debe tener cuidado de no ser el "sirviente malvado e indolente" que enterró su talento. Hay una terrible sanción que se debe pagar por no usar sus propias habilidades.

A menudo el miedo se interpone entre el hombre y su perfecta expresión personal. El miedo ha empañado a muchos genios. Esto se puede superar por medio de la palabra hablada o tratamiento. El individuo entonces pierde toda conciencia de sí mismo y simplemente siente que es el canal para que la *inteligencia infinita* se exprese.

Está bajo la inspiración directa, sin temor, y confiado; ya que siente que es el "Padre interior" quien hace el trabajo.

Un niño venía seguido a mi clase con su madre. Él me pidió que hiciera una petición por sus próximos exámenes en la escuela.

Le dije que hiciera la siguiente afirmación: "Soy uno con la *inteligencia infinita.* Conozco todo y debo conocer esta materia". Él tenía un conocimiento excelente sobre historia, pero no estaba seguro en matemáticas. Lo vi después y me dijo: "Hice la petición para matemáticas y pasé con los más altos honores; pero pensé que podría depender de mí en cuanto a la Historia y saqué una mala calificación". El hombre a menudo recibe retrocesos cuando está "muy seguro de sí mismo", lo que significa que está confiando en su personalidad y no en el "Padre interior".

Otra de mis estudiantes me dio un ejemplo de esto. Un verano, hizo un largo viaje al extranjero, visitó varios países de los que no conocía el idioma. Ella estuvo pidiendo guía y protección cada minuto y sus asuntos marcharon maravillosamente bien. ¡Su equipaje nunca se le retrasó ni se le perdió! Las reservaciones para ella siempre estaban listas en los mejores hoteles, y recibió un servicio perfecto dondequiera que iba. Ella regresó a Nueva York conociendo el idioma, pensó que Dios ya no era necesario, así que atendió sus asuntos en la forma normal.

Todo fue mal, sus maletas se retrasaron, trayéndole desarmonía y confusión. El estudiante se debe formar el hábito de "practicar la *presencia* de Dios" cada minuto. "Reconócelo en todos tus actos", nada es demasiado pequeño ni demasiado grande.

Alguna vez un incidente insignificante puede ser el punto decisivo en la vida del hombre.

Robert Fulton, al observar hervir el agua en una olla para té, ¡visualizó un barco de vapor!

Con frecuencia he visto a un estudiante que se detenía antes de su demostración a través de la resistencia o al señalar el camino.

Él pone su fe solamente en un canal, y dicta el camino donde desea que la manifestación venga, lo que provoca que las cosas se queden paradas.

"¡A mi modo, no al tuyo!", es el mandamiento de la *inteligencia infinita*. Todo *poder*, ya sea vapor o electricidad, debe tener una máquina o instrumento con el cual trabajar, que no se resista y el hombre es esa máquina o instrumento.

Una y otra vez se le dice al hombre "mantente quieto. Oh, Judas, no temas; pero mañana ve contra ellos, ya que el Señor estará contigo. No necesitarás pelear en esta batalla; prepárate, mantente quieto y verás la salvación del Señor con ustedes".

Vemos estos incidentes en los dos mil dólares que le llegaron a la mujer a través del dueño de la casa cuando ella dejó de resistirse y de inquietarse; y de la mujer que ganó el amor del hombre "después de que cesó el sufrimiento".

La meta del estudiante es el ¡equilibrio! El *equilibrio es poder*, ya que brinda al *poder* de Dios una oportunidad para precipitarse a través del hombre para "desear y hacer lo que le plazca".

Estando equilibrado, piensa claramente y toma las "decisiones correctas con rapidez. Nunca pierdas una señal".

La ira empaña la visión, envenena la sangre, es la raíz de muchas enfermedades, y también provoca tomar decisiones equivocadas que llevan al fracaso.

La ira ha sido llamada uno de los peores "pecados," ya que su reacción es muy dañina. El estudiante aprende que en la metafísica, el pecado tiene un significado más amplio que el que se enseñaba antiguamente. "Todo lo que no sea fe es pecado".

Descubre que el miedo y la preocupación son pecados mortales. Ellos son la fe invertida y, a través de imágenes mentales distorsionadas, hacen que sucedan las cosas que él teme. Su trabajo consiste en erradicar estos enemigos (de la mente subconsciente). "¡Cuando el hombre pierde el miedo está acabado!". Maeterlinck dice que: "El hombre está temeroso de Dios".

Así que, como hemos leído en los capítulos anteriores: El hombre sólo puede derrotar al miedo al enfrentarse a lo que le teme. Cuando Josafat y su ejército se prepararon para enfrentar al enemigo cantando: "Bendigamos al Señor, ya que su misericordia es eterna", ellos se encontraron con que sus enemigos se habían destruido entre ellos y no había nada que enfrentar.

Por ejemplo: Una mujer le pidió a un amigo que entregara un mensaje a otro. La mujer temía entregar el mensaje, ya que su razonamiento le decía: "No te mezcles en este asunto, no entregues este mensaje".

Su espíritu estaba confuso, ya que ella le había hecho una promesa. Al final, ella decidió "enfrentarse al león," e hizo un llamado a la ley de la protección divina. Ella fue a ver al amigo a quien le debía entregar el mensaje. Ella iba a hablar cuando su amigo le dijo, "fulano de tal se fue de la ciudad". Esto hizo innecesario entregar el mensaje, ya que la situación dependía de que la persona estuviera en la ciudad. Al estar ella dispuesta a hacerlo, ya no estuvo obligada a ello; como ella ya no tenía miedo, la situación se desvaneció.

El estudiante a menudo retrasa su demostración a través de una creencia de falta de cumplimiento. Él debería hacer esta afirmación:

"En la *mente divina* solamente existe el cumplimiento, por lo tanto mi demostración está completa. Mi trabajo perfecto, mi casa perfecta, mi salud perfecta". Todo lo que él pida son ideas perfectas registradas en la *mente divina* y se debe manifestar, "bajo la gracia en un modo perfecto". Él da gracias de que ya ha recibido en el plano invisible y hace preparaciones activas para recibir en el plano visible.

Una de mis estudiantes tenía necesidad de una demostración financiera. Vino a mí y me preguntó por qué no había sido cumplida. Yo le contesté: "Tal vez tienes el hábito de dejar las cosas incompletas, y el subconsciente ha caído en el hábito de no completarlas".

Ella dijo: "Tienes razón. Muchas veces empiezo algo y nunca lo termino. Iré a casa y terminaré algo que comencé hace semanas y ahora sé que será un símbolo de mi demostración". Así que se dedicó asiduamente a coser. Poco después, el dinero llegó de la manera más curiosa.

A su esposo le pagaron el salario dos veces aquel mes. Él informó del error, y ellos le dijeron que se lo quedara.

Cuando el hombre pide con fe, debe recibir, ya que ¡Dios crea sus propios medios!

Yo he dicho en varias ocasiones: "Supón que uno tiene distintas habilidades, ¿cómo puede uno saber cuál escoger?". Pide que te sea mostrado en definitiva. Di: "espíritu infinito, dame una señal definitiva, revélame mi perfecta expresión personal, muéstrame cuál talento debo usar ahora".

He sabido de personas que de pronto entran en una nueva línea de trabajo, y son equipados completamente, con poco, y aún a veces sin ningún entrenamiento. Así que haz la siguiente afirmación: "Estoy equipado completamente para el *plan divino* de mi vida," y no tengas miedo de aprovechar las oportunidades.

Algunas personas dan alegremente, pero no saben recibir. Ellos rehúsan los regalos por medio del orgullo, o alguna razón negativa, y por lo tanto, bloquean sus canales, invariablemente se encuentran eventualmente sin nada o con muy poco.

Por ejemplo: A una mujer que había regalado una gran suma de dinero, se le ofreció un regalo de varios miles de dólares. Ella rehusó tomarlos diciendo que no los necesitaba. Poco después de esto, sus finanzas estaban muy "apretadas," y se encontró con que debía dinero por la misma cantidad que le regalaban. El hombre debe recibir graciosamente el pan que se le regresa por el agua; "libremente has dado, libremente recibirás".

Siempre existe el balance perfecto de dar y recibir, y a pesar de que se debe dar sin esperar nada a cambio, violas la ley si no aceptas la recompensa que te llega; ya que todos los regalos son de Dios, el hombre es simplemente el conducto.

Un pensamiento de carencia nunca deberá ser sostenido sobre el dador.

Por ejemplo: Cuando el hombre me dio el centavo, yo no dije: "Pobre hombre, no se puede permitir darme eso". Lo visualicé rico y próspero, con la providencia derramándose sobre él. Fue este pensamiento lo que la atrajo. Si uno ha sido un mal receptor, se debe volver un buen receptor, y tomar hasta una estampilla postal si se le da, y abrir sus conductos para poder recibir.

El Señor ama a un receptor alegre, así como a un dador alegre.

Casi siempre me he preguntado por qué un hombre nace rico y saludable y otro pobre y enfermo.

Donde hay un efecto siempre hay una causa; no existe tal cosa como la oportunidad.

Esta pregunta se contesta a través de la ley de la reencarnación. El hombre atraviesa entre muchos nacimientos y muertes, hasta que sabe la verdad que lo libera.

Es atraído hacia el plano terrenal a través de deseos insatisfechos, para pagar sus deudas *kármicas*, o para "cumplir su destino".

El hombre nacido rico y saludable ha tenido visiones en su subconsciente, en su vida pasada, de riqueza y salud; el hombre pobre y enfermo, de enfermedad y pobreza. El hombre manifiesta, en cualquier plano, la suma total de sus creencias subconscientes.

De cualquier manera, nacer y morir son leyes hechas por el hombre, ya que el "pago por el pecado es la muerte"; el *adánico* cae en el consciente a través de la fe en dos poderes. El hombre real, el hombre espiritual, ¡no tiene nacimientos ni muertes! Él nunca ha nacido y nunca ha muerto: "¡Como era en un principio, ahora y siempre!".

Así que a través de la verdad, el hombre se libera de la ley del *karma*, pecado y muerte, y manifiesta al hombre hecho a "su imagen y semejanza". La libertad del hombre viene a través de cumplir su destino, trayendo a su manifestación el *designio divino* de su vida.

El Señor le dirá: "Bien hecho, tú mi buen y fiel sirviente, tú que has tenido fe sobre unas cuantas cosas, Yo te haré mandatario de muchas cosas (la muerte misma); te haré penetrar en la felicidad del Señor (la vida eterna)".

Negaciones y afirmaciones

"Tú también decretarás algo, y esto será establecido en ti".

Todo el bien que se ponga de manifiesto en la vida del hombre es ya un hecho logrado en la mente divina y es liberado a través del reconocimiento del hombre, o palabra expresa, así que debe ser cuidadoso al decretar que sólo la *idea divina* debe ser manifestada, ya que a menudo, él decreta, a través de sus palabras vanas, fracaso o infortunio.

Es, por lo tanto, muy importante expresar nuestras demandas correctamente, como se ha dicho en el capítulo anterior.

Si uno desea una casa, una amiga, un empleo o cualquier otra cosa buena, haga la petición por la "selección divina". Por ejemplo: "*espíritu infinito*, abre el camino para mi casa correcta, mi amiga correcta, mi empleo correcto. Doy gracias de que ahora te manifiestes bajo la gracia en un modo perfecto".

La última parte de esta afirmación es muy importante. Por ejemplo: Conocí a una mujer que pidió mil dólares. Su hija estaba herida y recibió mil dólares de indemnización, así que no vinieron de la "manera perfecta".

La petición debió haber sido pronunciada de esta manera: "*espíritu infinito*, doy gracias de que los mil dólares, los cuales me pertenecen por derecho divino, sean ahora liberados, y me lleguen bajo la gracia, en un modo perfecto".

Al ir uno creciendo en nuestra conciencia financiera, se debe pedir que las grandes sumas de dinero, que le pertenecen por derecho divino, lleguen bajo la gracia, de manera perfecta.

Es imposible que el hombre libere más de lo que él cree que sea posible, ya que uno está ligado a las expectaciones limitadas del subconsciente. Él debe agrandar sus expectaciones para poder recibir en mayor cantidad.

El hombre frecuentemente se limita a sí mismo en sus peticiones. Por ejemplo: un estudiante hizo una petición por seiscientos dólares para una determinada fecha. Él los recibió, pero después supo, que había estado a punto de recibir mil dólares, pero se le dieron solamente los seiscientos, como resultado de su petición.

"Ellos limitaron al *bendecido* de Israel". La riqueza es un asunto de conciencia. Los franceses tienen una leyenda para ejemplificar esto: Un hombre muy pobre transitaba por un camino cuando se encontró con un viajero, quien lo detuvo y le dijo: "Mi buen amigo, veo que eres pobre. Toma esta pepita de oro, véndela y serás rico por el resto de tus días".

El hombre estaba loco de alegría por su buena fortuna, y se llevó la pepita a su casa. Inmediatamente encontró trabajo y se volvió próspero, pero no vendió la pepita. Los años pasaron y se convirtió en un hombre muy rico. Un día se encontró a un tipo muy pobre en el camino. Se detuvo y le dijo: "Mi buen amigo, te daré esta pepita de oro, la cual, si la vendes, te hará rico de por vida". El mendigo tomó la pepita, la llevó a valuar, y encontró que era sólo cobre. Así que vemos que el primer hombre se volvió rico a través de sentirse rico, pensando que la pepita era de oro.

Cada hombre tiene dentro de sí una pepita de oro; es ésta, su conciencia del oro, de opulencia, lo que trae la riqueza a su vida. Al hacer las peticiones, el hombre empieza al final de su jornada, esto quiere decir que, él declara que ya ha recibido. "Antes de que me llames, te contestaré".

Afirmar continuamente establece la creencia en el subconsciente.

No sería necesario hacer una afirmación más de una vez, si uno tuviera fe perfecta. Uno no debe pedir o suplicar, sino dar gracias repetidamente de que ya ha recibido.

"El desierto se regocijará y florecerá como la rosa". Este regocijo que está ya en el desierto (estado consciente) abre el camino para la liberación. La palabra del Señor está en forma de orden y petición: "Danos hoy el pan de cada día y perdona nuestras ofensas así como nosotros perdonamos a los que nos ofenden", y termina en alabanza: "Ya que tuyo es el *reino de los cielos y el poder y la gloria*, por siempre. Amén. En lo que se refiere a las acciones de mis manos, ordéname". Así que la oración es orden y petición, alabanza y agradecimiento. El trabajo del estudiante consiste en hacerse creer a sí mismo que, "con Dios todas las cosas son posibles".

Esto es lo suficientemente fácil para decirlo de manera abstracta, pero un poco más difícil cuando se confronta con un problema. Por ejemplo: Una mujer necesitaba que se le demostrará una enorme suma de dinero en una fecha determinada. Ella sabía que debía hacer algo para obtener una realización (ya que una realización es una manifestación), y ella pidió una "señal".

Ella iba caminando por una tienda cuando vio un abrecartas esmaltado en rosa. Ella se sintió atraída hacia él. El pensamiento le llegó: "No tengo ningún abrecartas bueno para abrir cartas que traigan cheques grandes".

Así que compró el abrecartas, acción que su razonamiento hubiera llamado extravagante. Cuando lo sostuvo en su mano, ella tuvo un destello de una visión de ella misma abriendo el sobre que contenía un gran cheque, y en unas semanas, ella recibió el dinero. El abrecartas rosa fue su puente hacia la fe activa.

Se dicen muchas historias sobre el poder del subconsciente cuando se dirige con fe.

Por ejemplo: Un hombre estaba durmiendo en una granja. Las ventanas de su habitación habían sido clavadas y en la mitad de la noche se sintió sofocado y buscó, en la oscuridad, el camino hacia la ventana. No la pudo abrir, así que la rompió con el puño, inhaló grandes bocanadas de aire fresco, y tuvo una maravillosa noche de sueño.

A la mañana siguiente, se encontró con que había roto el vidrio de un librero y que la ventana había permanecido cerrada toda la noche. Él se había provisto a sí mismo con oxígeno, simplemente con pensar en el oxígeno.

Cuando un estudiante comienza a demostrar, nunca debe retroceder: "No dejes que ese hombre que duda piense que deberá recibir nada del Señor". Un estudiante negro hizo una vez esta maravillosa afirmación: "Cuando yo le pido algo al Padre, pongo mis pies en el suelo, y digo: Padre, no aceptaré nada menos de lo que he pedido, pero ¡tomaré más!". Así que el hombre nunca se debe comprometer: "Habiendo hecho todo; se queda parado". Esto es algunas veces el momento más difícil para demostrar. Viene la tentación de darse por vencido, de retroceder, de comprometerse.

Él también sirve a quien solamente
se queda parado y espera.

La demostración a menudo viene a la undécima hora, porque es la hora en que el hombre se deja ir, es decir, deja de razonar, y la Infinita Inteligencia tiene oportunidad de trabajar.

"Los deseos tristes del hombre son contestados tristemente, y sus deseos impacientes, son demorados o cumplidos bruscamente".

Por ejemplo: Una mujer me preguntó por qué siempre estaba perdiendo o rompiendo sus lentes.

Encontramos que ella había dicho muchas veces a ella misma y a otros con fastidio: "Desearía poderme deshacer de mis lentes". Así que su deseo inconsciente era cumplido bruscamente. Lo que ella debía haber pedido era una vista perfecta, pero lo que registraba en el subconsciente era simplemente el deseo impaciente de deshacerse de sus lentes; así que continuamente los perdía o se le rompían. Dos actitudes mentales causan pérdida: falta de aprecio, como en el caso de la mujer que no apreciaba a su esposo, o temor a la pérdida, lo que crea una imagen de pérdida en el subconsciente.

Cuando un estudiante puede dejar ir su problema (deshacerse de la carga) tendrá una manifestación instantánea.

Por ejemplo: Una mujer estaba fuera de su casa durante un día muy tormentoso y su paraguas se le rompió. Ella estaba a punto de hacer una visita a unas personas a las que no conocía, y con las que no deseaba hacer su primera aparición con un paraguas roto. No lo podía tirar, ya que no era de ella. Así que en su desesperación, ella exclamó: "Dios mío, hazte cargo de este paraguas, yo ya no sé que hacer".

Un momento después, una voz tras ella le dijo: "Señora, ¿quiere que le arregle su paraguas?". Ahí estaba un hombre que arreglaba paraguas.

Ella contestó: "Por supuesto".

El hombre arregló el paraguas mientras ella entraba en la casa para hacer la visita, y cuando regresó, tenía un buen paraguas. Así que siempre hay un hombre que arregle paraguas a la mano en el camino del hombre, cuando uno pone su paraguas (o la situación) en las manos de Dios.

Uno siempre debe hacer una afirmación después de una negación.

Por ejemplo: Una noche ya tarde me llamaron por teléfono para que tratara a un hombre al que nunca había visto. El hombre estaba aparentemente muy enfermo. Yo hice la afirmación: "Yo niego esta apariencia de la enfermedad. Es irreal, por lo tanto, no se puede registrar en su consciente; este hombre es la idea perfecta en la *mente divina,* pura sustancia expresando perfección".

No hay tiempo ni espacio en la *mente divina,* por lo tanto la palabra alcanza instantáneamente su destino y no "regresa vacía". He tratado pacientes en Europa y he encontrado que el resultado fue instantáneo.

Frecuentemente me han preguntado la diferencia entre "visualizar" y tener una visión. Visualizar es un proceso mental gobernado por la razón o la mente consciente; tener una visión es un proceso espiritual, gobernado por la intuición, o por la mente superconsciente. El estudiante debe entrenar su mente para recibir estos destellos de inspiración, y sacar las "imágenes divinas" a través de señales definitivas. Cuando un hombre puede decir: "Deseo solamente lo que Dios desea para mí", sus falsos deseos se desvanecen en la conciencia, y un nuevo juego de planos le es dado por el *arquitecto maestro, el dios interior.* El plan de Dios para cada hombre, trasciende la limitación del razonamiento, y es siempre al cuadrado de la vida, que contiene salud, riqueza, amor y la perfecta expresión personal. Muchos hombres están construyendo para sí mismos —en su imaginación— una choza donde deberían construir un palacio.

Si un estudiante trata de forzar una demostración (a través de la razón) esto lo lleva a un estado de inmovilidad. "Yo lo apresuraré", dijo el Señor. Él deberá actuar solo a través de su intuición o a través de señales definitivas. "Descansa en el Señor y espera pacientemente". Confía también en él, y hará que esto pase".

He visto trabajar a la ley de la más sorprendente manera. Por ejemplo: Una estudiante dijo que era necesario que ella obtuviera cien dólares para el día siguiente. Era una deuda de vital importancia que debía de pagar. Yo hice la "petición", declarando que el *espíritu* "nunca llegaba tarde" y que la providencia estaba a la mano.

Esa misma noche, ella me llamó para hablarme del milagro. Me dijo que tuvo la idea de ir a su caja de seguridad en el banco para examinar algunos papeles. Revisó los papeles y en el fondo de la caja se encontraba un billete nuevo de cien dólares. Ella estaba sorprendida, y dijo que sabía que nunca lo había puesto ahí, ya que había revisado los papeles muchas veces. Pudo haber sido una materialización, como Jesucristo materializó los panes y los pescados. El hombre alcanzará el estado donde su "palabra sea hecha carne", o materializado instantáneamente. "Los campos, listos para ser cosechados", se manifestarán inmediatamente, como en todos los milagros de Jesucristo.

Hay un tremendo poder en el solo nombre de Jesucristo. Este significa *la verdad hecha manifiesta*. Él dijo: "Todo lo que le pidas al Padre, en mi nombre, te será concedido".

El poder de su nombre asciende al hombre a la cuarta dimensión, donde es liberado de toda influencia astral y psíquica, y se convierte en "incondicional y absoluto, así como Dios mismo es incondicional y absoluto".

He visto muchas curaciones alcanzadas al usar las palabras: "En el nombre de Jesucristo".

Cristo era ambos, persona y principio; y el *Cristo* dentro de cada hombre es el *redentor* y la *salvación.*

El *Cristo interior* es su propia persona cuadrimensional, el hombre hecho a la imagen y semejanza de Dios. Esta es la persona que nunca ha fallado, nunca ha conocido la enfermedad ni el dolor, nunca ha nacido y nunca ha muerto. ¡Es la "resurrección y la vida" de cada hombre! "Ningún hombre viene al Padre si no es salvado por el Hijo", esto significa, que Dios, *el universal,* trabajando en el lugar del individuo, se convierte en *Cristo* el hombre; y el Espíritu Santo, significa Dios-en-acción. Por lo tanto, diariamente, en el hombre se está manifestando la Trinidad del Padre, el Hijo y el Espíritu Santo.

El hombre debe hacer un arte del pensar. El *maestro pensador* es un artista y es muy cuidadoso al pintar solamente los designios divinos en la tela de la mente; y él pinta estas imágenes con trazos divinos de poder y decisión, al tener fe perfecta de que no hay poder que estropeé su perfección y que manifestarán en su vida el ideal hecho realidad.

Todo poder es dado al hombre (a través del pensamiento correcto) para traer su cielo a su tierra, y ésta es la meta de *El juego de la vida.*

¡Las reglas son simplemente fe sin temor, no resistencia y amor!

Que todos los lectores se liberen ahora de eso que los ha mantenido en esclavitud a través de las eras, interponiéndose entre ellos y su propio ser, y "conozcan la verdad que los liberará": libres para cumplir su destino, para traer la manifestación de los "designios divinos de su vida, salud, riqueza, amor y la perfecta expresión personal".

Que seas transformado al renovar tu mente.

Negaciones y afirmaciones

Para la prosperidad

Dios es mi providencia infalible, y grandes sumas de dinero llegarán a mí rápidamente, bajo la gracia, de manera perfecta.

Para las condiciones correctas

Todo plan que mi Padre en el *cielo* no tenga planeado, será disuelto y disipado, y la *idea divina* ahora ocurrirá.

Para las condiciones correctas

Solamente lo que es verdad de Dios es verdad mía, ya que yo y el Padre somos Uno.

Para la fe

Al ser uno con Dios, soy uno con mi bienestar, ya que Dios es tanto el *dador como el regalo*. No puedo separar al *dador del regalo.*

Para las condiciones correctas

El *amor divino* ahora disuelve y disipa todas las condiciones equivocadas en mi mente, cuerpo y asuntos. ¡El amor divino es el químico más poderoso en el universo, y disuelve todo lo que no es él mismo!

Para la salud

El *amor divino* inunda mi conciencia con salud, y cada célula de mi cuerpo es colmada de luz.

Para la vista

Mis ojos son los ojos del Señor, yo veo mi camino con los ojos del Señor. Veo claramente el plan perfecto.

Para guía

Soy divinamente sensitivo a mis guías intuitivas, y doy obediencia instantánea a tu voluntad.

Para el oído

Mis oídos son los oídos de Dios. Yo escucho con los oídos del espíritu. No estoy resistiéndome y estoy dispuesto a ser guiado. Escucho felices noticias de gran alegría.

PARA EL EMPLEO CORRECTO

Tengo un trabajo perfecto, en una manera perfecta; presto un perfecto servicio, por una paga perfecta.

PARA LA LIBERACIÓN DE TODA ESCLAVITUD

¡Le dejo esta carga a mi Cristo interior, y me libero!

Contenido

TÍTULOS DE ESTA COLECCIÓN

El juego de la vida

El poder mágico de la palabra

La palabra es tu varita mágica

La puerta secreta hacia el éxito

Impreso en los talleres de
OFF SET LIBRA
Francisco I. Madero No. 31
Barrio de San Miguel
Delegación Iztacalco. C.P. 08650
México, D.F.